LEVI ROOTS
Cooking is fun

SPARTA

PREMIUM PACK
BONITA
PREMIUM BANANAS
PLANTAINS

Meine lieben Freunde, danke für eure Inspiration. Diese Rezepte widme ich euch.
Das köstliche Essen, das uns zusammengeführt hat, war begeisternd und frisch;
die Stimmung ruhig und entspannt; die Musik Rock Reggae von Roots.
Also genießt die herrlichen Aromen.

Ich mag Euch, Levi Roots

Die Originalausgabe erschien 2010 unter dem Titel *Food for Friends*
bei Mitchell Beazley, einem Imprint von Octopus Publishing Group Limited
Endeavor House, 189 Shafetsbury Avenue, London WC2H 8JG
www.octopus.co.uk

Eine Hachette UK Company
www.hachette.co.uk

Beratung: Hattie Ellis und Diana Henry
Lektor: Becca Spry
Programmleitung: Leanne Bryan
Art Director: Pene Parker
Designer: Pene Parker und Mark Kan
Manuskriptbearbeitung: Lucy Bannell
Fotograf: Chris Terry
Assistenz Fotografie: Karl Bridgeman
Hauswirtschaftliche Beratung: Sara Lewis
Styling: Wei Tang

Hinweis:
In diesem Buch gibt es einige Rezepte, die mit rohen oder nur leicht gegarten Eiern zubereitet werden. Schwangere und stillende Mütter, Kranke, Ältere, Babys und kleine Kinder sollten aus gesundheitlichen Gründen derartige Gerichte nicht essen.

Gesamtherstellung: Fackelträger Verlag GmbH, Köln

Satz: Haimel • satz & mehr, Lohmar
Übersetzung: Annerose Sieck, Neumünster

www.fackeltraeger-verlag.de

ISBN: 978-3-7716-4477-2

Printed in China

Inhalt

Einführung 8

Frühstück & Brunch 14

Für den kleinen Hunger 30

Picknick 46

Grillen 56

Warmes für mittags und abends 78

Besondere Gelegenheiten 98

Beilagen 114

Partys 134

Desserts 154

Gebäck und Kuchen 176

Meine Lieblingszutaten 196

Register 204

Danksagung 208

Einführung

Sie fragen sich vielleicht, weshalb ich dieses Buch geschrieben habe. Ganz einfach, damit Sie für Freunde und Familie köstliche Mahlzeiten zubereiten können, bei denen karibisches Inselfeeling mit am Tisch sitzt. Ich selbst liebe es, das, was ich koche, zu genießen, und ich bin jedesmal von neuem begeistert, wenn es auch anderen mundet. Doch das Wichtigste sind mir die Gespräche. Schmeckt das Essen gut, finden sich die Themen wie von selbst. Wenn sich meine Freunde an den Tisch setzen, sprechen wir über viele erfreuliche Dinge und fröhliche Zeiten. Und damit das Feeling aus der Karibik auch wirklich rüberkommt, läuft im Hintergrund natürlich stimmungsvolle Musik.

Wenn ich meine Familie besuche oder sie mich, wird fast den ganzen Tag über gekocht. Besonders meine Schwester Jean mit ihrem Mann Clint und ihren beiden Töchtern Yvonne und Michelle kommen regelmäßig zu mir. Sie mögen es scharf! Es bringt Spaß, mit ihnen zu kochen, sich ihre (alt)klugen Sprüchen anzuhören, während wir ein Hühnchencurry oder einen Rumpunsch zubereiten. Entspannte und lockere Menschen landen immer in der Küche! Ich liebe das! Da gibt es kaum andere Probleme als Töpfe, die zu lange auf dem Herd stehen!

Was hat mich eigentlich gerade in die Küche gebracht? Ich bin auf Jamaika aufgewachsen, und meine Großmutter hat mir sehr viel beigebracht ... nicht nur, wie man hackt und rührt. Sie hat in der Küche gern laut gesungen, war stets guter Dinge und lachte vor sich hin! Richtig zu singen war nicht ihre Stärke, aber in Sachen *Lalala* war sie die Größte. Sie kochte den ganzen Tag und sang die ganze Zeit über. Ich spürte, wie sie es genoss, Speisen zuzubereiten.

Großmutter bekochte am liebsten viele Menschen, oft waren es mehr als zehn. Einer unserer Nachbarn, der zur Familie gehörte, wurde Mr. Butler genannt. Wenn er abends Besuch bekam, kochte meine Großmutter für alle. Der Lohn für ihre Arbeit bestand darin, dass ihre Mahlzeiten gut ankamen und in den höchsten Tönen gelobt wurden.

Wir besaßen alle nicht besonders viel. Was gekocht wurde, hing also davon ab, was gerade da war. Hatte mein Großvater tagsüber etwas geerntet – hatte er Yamswurzeln ausgegraben oder Callalloo-Pflanzen oder Kohlköpfe ergattert – wussten wir, dass auf uns Essen in

Hülle und Fülle wartete. Und wer zu viel hat, gibt etwas ab. Die Menschen hatten kein Geld, um sich Nahrungsmittel zu kaufen, waren auf Geschenke angewiesen. Was man selbst nicht schaffte, stellte man vor die Tür, und die Menschen nahmen sich, was sie brauchten.

Lebten wir mal wieder im Überfluss, kochte meine Großmutter für Mr. Butler, und seine Besucher brachten Arbeit mit. Wenn eine Familie Tabakblätter zusammenschnüren musste, landete ein Sack voll bei uns. Musste jemand Kaffeebohnen mahlen, hatte er Mörser und Stößel dabei. Wer Mais aus der Hülse nehmen musste, schleppte gleich vier oder fünf Säcke Mais an. Wir teilten uns die Arbeit und das Essen und wir unterhielten uns. Am Ende einer langen Nacht, in der wir gut gegessen und wunderbare Gespräche geführt hatten, war dann auch die Arbeit getan.

Viele Abende in meiner Kindheit waren so ereignisreich, dass ich quasi Zeuge ganzer Seifenopern wurde. So viele Geschichten wurden erzählt! Die Männer berichteten von haarsträubenden, tollkühnen Dingen. Für mich als kleinem Jungen war das eine wunderbare Welt. Ich sog alles auf, was ich hörte. Und weil sie wussten, dass ich zuhörte, machten sie ihre Geschichten manchmal noch eine Spur fantastischer.

Jetzt, wo ich erwachsen bin, liebe ich es noch immer, mit Freunden zusammen gut zu essen. Ob abends, mittags oder zum Frühstück: Wir hocken zusammen, um das geräuschintensive Dominospiel zu spielen. Und ich serviere tropische Minibrötchen und Käse (Seite 187) und leckere Mangos. Anschließend werfen Jamaikaner gern den Grill an, um ein in Gewürzen mariniertes Hühnchen oder Fisch über Kohlen zu garen. Den Holzkohlengrill können Sie überall anzünden, aber am besten schmeckt es natürlich am Strand. In Jamaika gibt es immer und überall Beach Partys, mit Fisch und Trubel, herrlich weißem Sand unter den Füßen und einem kalten Bier oder einem Limetten-Mixgetränk in der Hand. Wer zu solch einer Strandfete geht, der ahnt, wie Jamaikaner ticken. Jamaika ist ein wunderschönes, offenherziges Fleckchen, mit liebenswerten Menschen, die noch richtig Essen zubereiten – nichts Großes –, sondern gerade so, wie die Menschen hier es mögen.

In London wurde Weihnachten stets zu Hause mit meiner Mutter und den Kindern gefeiert. Und Mum wollte immer alles selbst machen, wie damals, als wir noch klein waren. Wir waren allenfalls für den Abwasch zuständig! Mit zunehmendem Alter brauchte sie dann doch etwas mehr Ruhe und ich kümmerte mich ums Essen. Die Familie kam zusammen, wir kochten Unmengen, und bevor das Mahl in Angriff genommen wurde, bedankten wir uns dafür. Das letzte Wort, bevor es essensmäßig zur Sache ging, hatte Mum oder der Älteste am Tisch. Das Mahl wurde gesegnet und es wurde für alles gedankt, was auf dem Tisch stand. Ich finde, man sollte sich immer für das Wenige oder für den Überfluss, den man hat, bedanken.

Wenn ich so darüber nachdenke, wie ich am liebsten koche, erinnere ich mich sofort daran, wie gut es mit Musik geht. Eine dieser guten Zeiten, in denen ich für Freunde was Leckeres auf den Tisch gezaubert habe, erlebte ich, als ich mit meiner Band Matic 16 unterwegs war. Erst danach setzte ich die ersten Fußstapfen ins „Saucen-Geschäft". Ich nahm also einen Gasherd und einen kleinen Topf mit. Immer wenn wir in Frankreich, Deutschland, Holland oder sonstwo auftraten und der Rest der Band mit dem Soundcheck beschäftigt war, blieb ich in der Garderobe und kochte aus dem etwas zusammen, was ich auf dem Markt gefunden hatte. Meine Gewürze und die tropischen Kräuter aus meiner „Sonnenschein-Ausrüstung" hatte ich immer dabei. Waren wir irgendwo, wo ich nichts weiter als Süßkartoffeln entdeckte, konnte ich mit meiner Ausstattung noch etwas daraus machen. Mit einigen Gewürzen und einer Chili oder auch zwei kann man hervorragend kochen!

So habe ich meinen „Synchronisations-Ansatz" beim Kochen entwickelt. Musik zu synchronisieren, ist typisch jamaikanisch. Man spielt zusammen mit zehn Musikern und Instrumenten ein Stück, und danach beginnt der Job des Toningenieurs: Er nimmt etwa die Gitarre raus und zaubert sie später mit einem Hall wieder rein oder mit einem Echo. So erzeugt er eine Verbindung der einzelnen Klänge, und daraus wird dann ein Musikstück. Dasselbe können Sie mit Lebensmitteln machen. Ich nehme etwa ein typisches Frühstücksrezept oder ein Weihnachtsessen, das – nehmen wir an – in Italien oder Großbritannien traditionell auf den Tisch kommt. Und ich „synchronisiere" das Ganze, peppe es auf, füge etwas hinzu, damit es so richtig karibisch wird. Geben Sie Piment oder schottische Bonnet-Chili hinzu, verändert sich das Gericht völlig. Sie haben es mit Ihrer persönlichen Note versehen. So mache ich das!

Entdecken Sie das Aroma des Thymians, die angenehme Schärfe von schwarzem Pfeffer und das scharfe, wilde Fruchtaroma guter Chilis. Lassen Sie den aromatischen Piment und den exotisch-süßen Hauch von Zimt in Ihren Topf. Ergreifen Sie Koriander, Limettenschalen und sanfte, geschmeidige Kokosnussmilch. Verquicken Sie alles zu einer einzigartigen Geschmacksparty. Dann widmen Sie sich dem Rum und bereiten einige meiner Daiquiris (Seite 152) zu, rufen Ihre Freunde herbei und setzen sich zusammen.

Dieses Buch zeigt Ihnen, wie Sie gutes Essen zubereiten und wie Sie es mit Menschen genießen, die Ihnen etwas bedeuten. Einfach göttlich!

Frühstück & Brunch

Mag erst einmal seltsam vorkommen – ausprobieren! Diese Choka ist schnell zuzubereiten und sehr gesund. In der Karibik reichen wir dazu zum Frühstück Kräcker, aber als Mittag- oder Abendessen schmeckt dazu auch gekochter Reis. Auf dem Foto sehen Sie Bammy (das jamaikanische Fladenbrot Cassava). Wenn Sie es ausprobieren möchten, weichen Sie es zehn Minuten in Milch ein, nach dem Abtropfen schneiden Sie es in Viertel und frittieren diese dann goldbraun.

Choka mit Räucherfisch

2 Portionen

- 320 g geräucherte Makrele
- 4 EL Erdnussöl
- 450 g Tomaten, grob zerkleinert
- 2 Zwiebeln, grob gehackt
- 1 rote Paprika, entkernt und gewürfelt (ca. 2 cm groß)
- 4 Knoblauchzehen, zerdrückt
- 1 rote Chili, entkernt und fein gehackt
- 1 EL gehackte Petersilie oder frischer Koriander (nach Belieben)

Zum Servieren

- Bammy (frittiertes Cassavabrot), in Viertel geschnitten (nach Belieben),
- Limettenstücke (nach Belieben)

1 Die Makrele in große Stücke zerteilen und die Haut entfernen. Beiseitestellen.

2 Öl in einer großen Pfanne erhitzen und Tomaten, Zwiebeln, Paprika, Knoblauch und Chili bei schwacher Hitze so lange dünsten, bis das Gemüse weich ist. Gelegentlich umrühren. Das Ganze dauert etwa 20 Minuten.

3 Fischstücke in die Pfanne geben, gut umrühren und alles zusammen kurz erhitzen. Nach Belieben mit Kräutern bestreuen. Dazu reichen Sie – wenn Sie mögen – Bammy und Limettenstücke.

Das einfachste Abendessen weltweit und etwas für Faule. Und dazu noch gut! Sie können statt Auberginen auch anderes Gemüse verwenden, etwa Zucchini und Pilze. Eine komplette Mahlzeit aus der Form, und hinterher kaum etwas abzuwaschen.

Fisch und Reis für Faule

4 Portionen

- 225 g Basmatireis
- Pflanzenöl für die Form
- 1 Zwiebel, grob gehackt
- 1 große Aubergine, in 2 cm große Würfel geschnitten
- Salz und schwarzer Pfeffer
- 4 Frühlingszwiebeln, gehackt
- 4 Knoblauchzehen, zerdrückt
- Saft von 2 Limetten
- Blätter von 4 Thymianzweigen
- 1 rote Chili, entkernt und in feine Scheiben geschnitten
- 2 EL Sojasauce
- 625 ml heiße Gemüse- oder Hühnerbrühe
- 8 kleine Makrelenfilets
- Limettenstücke zum Servieren

1 Den Backofen auf Ober-/Unterhitze 200 °C (Heißluft 180 °C) vorheizen.

2 Reis in ein Sieb schütten und so lange unter fließendem Wasser waschen, bis das Wasser völlig klar ist. Eine Auflaufform mit Öl einfetten, dann Reis, Zwiebel und Aubergine hineingeben. Gut würzen und dann alle anderen Zutaten außer den Makrelenfilets und Limettenstücken zugeben. Form in den Ofen stellen und ohne Deckel 25 Minuten backen.

3 Fischfilets gut würzen und dann auf die Zutaten in der Auflaufform legen. Weitere 15 Minuten im Backofen garen. Fertig ist das Essen, wenn der Reis die gesamte Brühe aufgesaugt hat und der Fisch gar ist. Servieren Sie dazu Limettenstücke, um den Fisch mit Saft zu beträufeln.

Wow! Inspiriert haben mich gefüllte Tortillas. Wenn Sie geräucherten Fisch nicht mögen, können Sie Chorizo oder eine andere würzige Wurst nehmen. Es schmeckt auch indisches Fladenbrot oder eine orientalische Sorte. Aber das Brot sollte warm sein.

Levis Frühstückswraps

4 Portionen

- 8 Pflaumentomaten, halbiert
- 2 EL Olivenöl
- 2 TL feiner dunkelbrauner Zucker
- 1 Spritzer Hot-Pepper-Sauce
- Salz und schwarzer Pfeffer
- 1 kleine Zwiebel, fein gehackt
- 1 rote Paprika, entkernt und gewürfelt
- 1 kleine rote Chili, entkernt und fein gehackt
- 2 TL Cumin
- 1 TL Koriander
- 400 g schwarze Bohnen aus der Dose, abgetropft
- Saft von ½ Limette
- 250 g geräucherte Makrele, enthäutet und zerteilt

Für das Roti

- 225 g Weizenmehl, zusätzlich etwas zum Bestäuben
- 1 ½ TL Backpulver
- ½ TL Salz

Zum Servieren

- Avocadoscheiben
- griechischer Joghurt
- frische Korianderblätter, grob gehackt

1 Den Backofen auf Ober-/Unterhitze 190 °C (Heißluft 170 °C) vorheizen. Tomaten mit der Schnittfläche auf ein kleines Backblech legen, mit der Hälfte des Öls beträufeln. Zucker und Hot-Pepper-Sauce darübergeben und das Ganze würzen. Die Tomaten wenden, damit sie gleichmäßig mit Öl bedeckt sind. Etwa 40 Minuten im Backofen backen, bis die Tomaten zusammengeschrumpft und karamellisiert sind.

2 Für das Roti Mehl, Backpulver und Salz in eine Schüssel sieben und nach und nach 170 ml kaltes Wasser unterarbeiten. Mit den Händen die Zutaten kneten, bis ein Teig entsteht. Den Teig auf bemehlter Arbeitsfläche etwa 10 Minuten kneten bzw. so lange, bis er eine glatte Konsistenz hat. Teig abdecken und 10 Minuten ruhen lassen. Dann in 8 Teile zerteilen, jeweils sehr dünn ausrollen und auf bemehlter Arbeitsfläche weitere 10 Minuten ruhen lassen.

3 Restliches Öl in eine Pfanne geben und Zwiebel und Paprika darin bei mittlerer Hitze sautieren, bis die Zwiebel glasig und weich ist. Chili, Cumin und Koriander unterrühren und das Ganze 1 Minute weitergaren. Bohnen zugeben und so lange köcheln lassen, bis alle Zutaten heiß und gar sind. (Fallen sie ein wenig auseinander, ist das in Ordnung.) Limettensaft unterrühren und würzen.

4 Eine Grillpfanne mit Rillen oder eine Bratpfanne bei mittlerer Hitze heiß werden lassen. Jedes Roti von beiden Seiten in der trockenen Pfanne erhitzen, bis die Oberfläche Blasen wirft. Achten Sie darauf, dass nichts anbrennt. Wickeln Sie die fertigen Roti in ein Küchenhandtuch oder halten Sie diese im Backofen warm.

5 Jedes Roti mit Tomate, Bohnen und Fisch füllen. Avocadoscheiben, Joghurt und Koriander daraufgeben und den Wrap einschlagen. Wraps schräg halbieren und servieren.

Ich weiß, Energieriegel sollten gut und gesund sein, aber irgendwie muss ich dabei immer an einen Klecks Sahne denken, den man noch zusätzlich daraufgeben sollte. Sie können Kindern einen Riegel zum Pausenbrot legen oder sich selbst einen gesunden Snack für unterwegs mitnehmen.

Tropischer Energieriegel

Für 12 Riegel

- 1 TL Sonnenblumenöl fürs Blech
- 60 g getrocknete Mangostücke
- 75 g kernige Haferflocken
- 25 g Mehl
- 50 g dunkler Muscovado-Zucker
- 1 TL Zimtpulver
- frisch geriebene Muskatnuss
- 50 g ungesalzene Pistazien
- 50 g Pekannüsse
- 50 g Datteln
- 60 g getrocknete Aprikosenstücke
- 2 große Eier
- 100 g Ahornsirup
- 2 EL Kürbiskerne

1 Den Backofen auf Ober-/Unterhitze 180 °C (Heißluft 160 °C) vorheizen. Ein Backblech (25 x 25 cm) mit Öl einfetten. Mango 30 Minuten in warmem Wasser einweichen. Abgießen und abtropfen lassen.

2 Alle Zutaten (außer Eiern, Ahornsirup und Kürbiskernen) in eine Küchenmaschine geben und zerkleinern, aber nicht so stark, dass ein Pulver daraus wird. Die Mischung in eine Rührschüssel geben und Eier, Ahornsirup und Kürbiskerne unterarbeiten. Das Ganze auf dem Backblech verteilen und glatt streichen. In 20–25 Minuten auf mittlerer Schiene goldgelb backen.

3 In der Form abkühlen lassen, dann in 12 Stücke schneiden. In einem luftdichten Gefäß halten sich die Riegel drei Tage.

Selbst gemachtes Müsli ist im Nu fertig und so lecker. Ich liebe es mit Milch – vollfett natürlich – und mit frischen Erd- und Heidelbeeren. Es schmeckt aber auch mit Joghurt. Vielleicht ertappen Sie sich dabei, wie Sie das Müsli pur wegknabbern – wie ein Vogel! Die Mango sollte sehr klein geschnitten werden, weil sie sonst gummiartig schmeckt.

Inselmüsli

Für 5–6 Portionen

- 1 EL Sonnenblumenöl, zusätzlich etwas fürs Backblech
- 150 ml Ahornsirup
- 1 TL Vanillezucker
- 225 g kernige Haferflocken
- 100 g Pekannüsse
- 1 Prise Salz
- 75 g getrocknete Bananenchips
- 75 g getrocknete Mangostücke
- 75 g frische Kokosnuss, in kleinen, dünnen Scheiben

1 Den Backofen auf Ober-/Unterhitze 140 °C (Heißluft 120 °C) vorheizen. Ein Backblech mit Öl einfetten.

2 Öl und Ahornsirup in einen Topf geben und bei schwacher Hitze unter Rühren erwärmen. Vanillezucker unterrühren, dann die restlichen Zutaten so lange einrühren, bis alle Zutaten mit dem Öl-Ahornsirup-Mix überzogen ist.

3 Die Müslimischung auf dem Backblech verteilen. In 20–30 Minuten auf mittlerer Schiene goldgelb backen, zwischendurch immer wieder umrühren. Aus dem Ofen nehmen und abkühlen lassen. Selbst gemachtes Müsli hält sich einige Monate, wenn Sie es luftdicht verschlossen im Kühlschrank aufbewahren.

„Du musst deinem Instinkt und Geschmack vertrauen, um sagen zu können, was du möchtest." Das ist der Rat von Mr. Porridge, in Kingston, Jamaika, und Brixton, London, weithin für seine wundervollen Machwerke bekannt. Vor 15 Jahren lernte ich ihn in London kennen, doch sein guter Ruf war ihm schon vorausgeeilt. Jeder auf Jamaika wächst mit Porridge am Morgen auf. Oft besteht es aus Maismehl, hier aus Haferflocken. Dazu einige Aromen, die den Porridge von Mr. Porridge so einzigartig machen.

Porridge auf jamaikanische Art

4 Portionen

- 500 ml Milch
- 2 Dosen Kokosmilch (à 400 ml)
- 100–200 ml Kondensmilch
- frisch geriebene Muskatnuss
- 1 TL Vanillezucker
- 1 Zimtstange
- 240 g kernige Haferflocken
- 1 gute Prise Salz
- ½ TL Rosenwasser

Zum Servieren

- 1 Banane, in Scheiben
- 1 Handvoll Pekannüsse, gehackt (nach Belieben)
- heller oder dunkler Muscovado-Zucker (nach Belieben)

1 800 ml Wasser in einen großen Topf gießen und Milch, Kokosmilch und Kondensmilch zugeben. Muskat, Vanillezucker und Zimtstange mit in den Topf geben. Das Ganze zum Kochen bringen, dann bei reduzierter Hitze mit Deckel 5 Minuten köcheln lassen.

2 Haferflocken und Salz unterrühren, erneut aufkochen und weitere 5 Minuten köcheln bzw. so lange, bis die Masse dick geworden ist. Die Hälfte des Rosenwassers darüberträufeln und abschmecken. Wer mag, gibt mehr dazu. Zimtstange herausnehmen.

3 Porridge in Schüsseln füllen. Nach Belieben Bananenscheiben, einige gehackte Pekannüsse und etwas Muscovado-Zucker darübergeben.

Schon der Gedanke an den Shake lässt das Wasser im Munde zusammenlaufen ... Der Honig, der den fruchtigen Geschmack so richtig hervorholt, harmoniert gut mit der Minze. Entscheidend für das Geschmackserlebnis ist die Zugabe von etwas Salz. Shake it, baby!

Tropischer Frucht-Honig-Shake

4 Gläser

- 1 reife Mango, geschält
- 1 Banane, geschält und grob gehackt
- ½ Papaya, geschält, entkernt und grob zerkleinert
- 450 ml Milch
- 1 ½ EL flüssiger Honig
- 4–5 Minzeblätter
- frisch geriebene Muskatnuss
- 1 Prise Salz

Zum Servieren

- Crushed Ice
- 4 Minzezweige

1 Die Mango klein schneiden. Das geht ganz einfach: Die Frucht halbieren, indem Sie das Fruchtfleisch am Stein entlang mit einem Messer lösen. Dann haben Sie zwei fleischige Seiten und einen Stein, an dem noch sehr viel Fruchtfleisch haftet. Die Mango in kleine Stücke schneiden und so viel wie möglich vom Stein abschneiden.

2 Alle Zutaten in einen Mixer geben und pürieren.

3 Zum Servieren den Shake auf Crushed Ice gießen. Jedes Glas mit einem Minzezweig garnieren.

Wenn Sie Ananas essen, werfen Sie normalerweise die Schale und den inneren Kern weg. Hier jedoch ein tolles Rezept, bei dem alles verwendet werden kann. Ich bin zufällig auf der Croydon-Plantage in Nord-Jamaika auf diesen wundervollen Drink gestoßen. Hier zeigt man den Besuchern, wie viele Arten von Früchten dort wachsen – Jamaika ist ein Garten Eden. Nach den vielen Informationen sind sie nur noch durstig. Jetzt brauchen sie einfach nur einen erfrischenden Ananasdrink.

Ananasdrink

Für 6 Gläser

1 reife Ananas

1 großes Stück frischer Ingwer (ca. 75 g), geschält

125 g Demerara-Zucker

Limettensaft zum Abschmecken

Zum Servieren

Eiswürfel

6 Minzezweige (nach Belieben)

1 Grün entfernen und Stiel- und Blütenansatz entfernen. Zur Seite legen. Vom Boden eine dünne Scheibe abschneiden, damit die Ananas richtig stehen kann. Jetzt von der Ananas von oben nach unten die Schale in langen Streifen abschneiden und alle kleinen dunklen Augen entfernen. Die Frucht längs vierteln, den inneren harten Kern heraustrennen und beiseitelegen. Die Frucht zum späteren Essen beiseitelegen.

2 Schale und harten Innenkern in einen großen Topf mit Deckel legen. Ingwer in ein Küchenhandtuch wickeln und mit einem Nudelholz ordentlich daraufschlagen; er sollte richtig zu Mus werden. (Bevorzugen Sie einen feurigeren Drink, können Sie den Ingwer im Mixer oder mit dem Messer zerkleinern.) 1 l Wasser in den Topf geben, Ingwer und Zucker unterrühren. Deckel auf den Topf legen und aufkochen. Bei reduzierter Hitze mit Deckel weitere 5 Minuten kochen.

3 Flüssigkeit zugedeckt abkühlen lassen, dann über Nacht bzw. mindestens 6 Stunden in den Kühlschrank stellen. Flüssigkeit durch ein Sieb abgießen und nach Geschmack zusätzlichen Zucker und Limettensaft unterrühren. Gut gekühlt auf Eiswürfeln servieren. Entweder einfach so oder mit Minze garniert.

Wenn Sie sich entschließen, für dieses Rezept die Frucht in Segmente zu teilen, können Sie diese anschließend in gekühlten, ausgehöhlten Fruchtschalen servieren (Orangen halbieren, Fruchtfleisch herausschneiden und die Schalen ins Gefrierfach legen). Eine sehr süße und hübsche Krönung eines reichhaltigen Essens. Ist Ihnen das zu mühsam, servieren Sie die Früchte in einer Salatschüssel.

Zitrusfrüchte mit Limetten-Minze-Sirup

6–8 Portionen

150 g feiner Zucker

fein geriebene Schale und Saft von 2 Bio-Limetten (ungewachst)

1 Handvoll Minzeblätter, zusätzlich einige zum Servieren

1 Grapefruit

2 Orangen

2 Blutorangen

2 rosa Grapefruits

1 170 ml Wasser in einen Topf geben und Zucker, Limettensaft und Minzeblätter zugeben. Aufkochen und rühren, bis der Zucker sich aufgelöst hat. 10 Minuten kochen lassen, bis ein Sirup entsteht. Damit die Aromen sich voll entfalten können, gute 40 Minuten abkühlen lassen, erst dann die Limettenschale unterrühren.

2 Jede Frucht wie folgt vorbereiten: Oben und unten jeweils eine kleine Scheibe abschneiden und die Frucht auf ein Schneidbrett setzen. Mit einem scharfen Messer Schale und weiße Haut von oben nach unten abschneiden. Nun können Sie entweder die Frucht filetieren, indem Sie die einzelnen Segmente zwischen dem Fleisch und der Membran herausschneiden. Oder, wenn Ihnen das zu aufwendig ist, die Frucht in Kreisen aufschneiden. So oder so entfernen Sie die Kerne. Das Obst in eine breite, flache Schale legen.

3 Den abgekühlten Sirup darübergießen und das Ganze kalt stellen. Vor dem Servieren mit frischer Minze garnieren.

Für den kleinen Hunger

Ich gehe immer wieder gern zum Delikatessenhändler auf dem Wochenmarkt Brixton Market in Süd-London: Dort gibt es eine fantastisch gewürzte Süßkartoffelsuppe. Die talentierte Suppenköchin war so freundlich, mir ihr Geheimnis zu verraten. Sie gibt einfach eine Prise geräucherte Paprika hinzu. Ich habe eine eigene Suppe komponiert – und siehe da: Sie schmeckt. Damit sie satt macht, gibt es ein Stück Brot dazu.

Levis Süßkartoffelsuppe

6 Portionen

- 2 Süßkartoffeln, geschält, in 5 cm große Stücke geschnitten
- 2 Möhren, geschält, in 4 cm große Stücke geschnitten
- 3 Tomaten, halbiert
- 2 rote Paprika, entkernt
- 2 rote Zwiebeln, geviertelt
- 3 EL Olivenöl
- 4 cm frische Ingwerwurzel, geschält, fein gehackt
- ½ TL geräucherte Paprika (z. B. Pimentón), zusätzlich etwas zum Garnieren
- 1 TL gemahlener Cumin
- 400 ml Kokosmilch aus der Dose
- 1 Lorbeerblatt
- Salz und schwarzer Pfeffer
- frische Korianderblätter zum Garnieren
- knuspriges Weißbrot zum Servieren

1 Den Backofen auf Ober-/Unterhitze 200 °C (Heißluft 180 °C) vorheizen. Das vorbereitete Gemüse im Öl schwenken, auf einem Backblech verteilen und im Ofen 40 Minuten backen bzw. so lange, bis es gar ist. Nach 20 Minuten wenden. Gemüse aus dem Ofen nehmen und abkühlen lassen, dann die Haut von Paprika und Tomaten abziehen und wegwerfen. Paprika klein schneiden.

2 Jetzt haben Sie zwei Möglichkeiten. Ich mag die Suppe gern stückig. Also schnippel ich das Gemüse klein, werfe es in einen Topf und gebe die restlichen Zutaten und 800 ml Wasser hinzu. Jetzt ordentlich umrühren. Sie können aber auch das Gemüse mit allen anderen Zutaten (außer Lorbeer) in einen Mixer oder eine Küchenmaschine füllen und zu einer sämigen Suppe pürieren. Anschließend gießen Sie diese mit 800 ml Wasser in einen Topf, geben das Lorbeerblatt dazu und rühren das Ganze gut um.

3 Mit Salz abschmecken. Aufkochen, rühren, Temperatur reduzieren und die Suppe 20 Minuten köcheln lassen, damit die Aromen sich entfalten können.

4 Die Suppe auf vier Schalen verteilen, mit geräucherter Paprika und schwarzem Pfeffer bestreuen und mit Korianderblättern garnieren. Dazu schmeckt knuspriges Weißbrot.

Das Gratin schmeckt hervorragend zu Fleisch oder Fisch; probieren Sie es zu frittiertem Hähnchen, pochiertem Lachs oder einer dicken Scheibe Schinken. Kalte Bratenreste, die vom Sonntag übriggeblieben sind, lassen sich damit gut aufmöbeln. Wenn Sie daraus eine Hauptmahlzeit machen wollen, geben Sie Parmesan hinzu.

Kürbis-Spinat-Gratin

4 Portionen

- 400 g Spinat, gewaschen, ohne dicke Stiele
- 25 g Kokosfett
- 200 g Schlagsahne
- Salz und schwarzer Pfeffer
- 25 g Parmesan, gerieben (nach Belieben)
- 20 g Butter
- 450 g Kürbisfleisch, geschält, entkernt, in 2,5 cm dicken Scheiben
- 4 EL frische Roggen-Semmelbrösel

1 Den Backofen auf Ober-/Unterhitze 180 °C (Heißluft 160 °C) vorheizen. Spinat in einen Topf geben, ohne die Blätter vorher abtropfen zu lassen. Abgedeckt bei schwacher Hitze 4 Minuten köcheln bzw. so lange, bis die Blätter etwas zusammengefallen sind. Nach 2 Minuten einmal gut umrühren. Etwas abkühlen lassen, dann das restliche Wasser mit den Händen aus den Spinatblättern herausdrücken.

2 Kokosfett und Sahne in einem kleinen Topf bei schwacher Hitze heiß werden lassen, bis das Fett geschmolzen ist. Würzen und, wer mag, rührt jetzt den Parmesan darunter.

3 Eine Gratinform mit der Hälfte der Butter einfetten. Kürbisstücke einschichten, dann Spinat darauf verteilen, restlichen Kürbis darauflegen. Die Kokos-Sahne-Mischung darübergießen und die Semmelbrösel darüberstreuen. Restliche Butter in kleinen Stückchen daraufsetzen.

4 Im Backofen 30 Minuten garen bzw. so lange, bis der Kürbis weich ist und das Gratin richtig nett und knusprig braun aussieht.

Jamaikaner haben eine Schwäche für Frühlingszwiebeln oder Schalotten. Das Grün verwenden wir gern und oft, um Mahlzeiten ein feines Aroma zu geben. Hier haben wir die ganze Zwiebel verwendet. Wer einen (transportablen) Grill besitzt – jamaikanische Köche haben oft einen – kann darauf Spargel und Frühlingszwiebeln grillen. Wer sie in der heimischen Küche am Herd zubereitet, braucht eine Grillpfanne mit Rillen. Die Sauce gibt dem spanischen Klassiker einen Karibiktouch und passt vorzüglich zu dem Gemüse.

Frühlingszwiebeln und Spargel mit Romescosauce

4 Portionen

8 Frühlingszwiebeln, geputzt

20 Spargelstangen, geschält, geputzt

1 EL Olivenöl

Salz und etwas schwarzer Pfeffer

1 Spritzer Limettensaft

Zum Garnieren

1 Limette, geviertelt und gegrillt

1 Handvoll frische Korianderblätter, gehackt (nach Belieben)

Für die Sauce

70 g Pekannüsse

25 g altbackenes Weißbrot ohne Rinde

3 EL Olivenöl

½ Knoblauchzehe

100 g Piquillo-Paprika (aus Glas oder Dose)

½ EL Apfelessig

1–2 TL Tomatenpüree

1 kleine Prise geräucherte Paprika (Pimentón)

1 Für die Sauce den Backofen auf Ober-/Unterhitze 180 °C (Heißluft 160 °C) vorheizen. Pekannüsse auf ein Backblech legen und im Ofen 10 Minuten rösten. (Wer kein altbackenes Brot hat, kann jetzt frische Brotscheiben 3–5 Minuten zum Austrocknen in den Backofen legen.) Öl in einer Pfanne erhitzen und Knoblauch bei schwacher Hitze darin bräunen. Alle Saucenzutaten mit 2–3 EL Wasser in einen Mixer oder eine Küchenmaschine geben und pürieren, bis die Masse eine dicke Konsistenz hat. Ggf. etwas mehr Wasser zugeben.

2 Eine gerillte Grillpfanne auf höchster Stufe 5 Minuten erhitzen. Frühlingszwiebeln und Spargel im Öl schwenken. Portionsweise darin garen, einmal zwischendurch wenden. Das Gemüse gut abkühlen lassen, würzen und mit Limettensaft beträufeln. Dazu die Sauce (Zimmertemperatur) reichen. Gemüse mit gegrillten Limettenstücken servieren und nach Belieben mit Koriander bestreuen.

Als ich als elfjähriger Junge von Jamaika nach Großbritannien kam, bestand das erste fremde Essen im Flieger aus gebackenen Bohnen. Igitt! Ich war nach den frisch gekochten Mahlzeiten auf der Farm meiner Großeltern mit so einer Art Nahrungsbrei nicht sonderlich vertraut. Hier finden Sie ein aufgemotztes Rezept, eine selbst gemachte, schnell zuzubereitende Version. Der Duft erfüllt die ganze Küche mit warmen und guten Aromen. Das Ganze schmeckt lecker auf Toast oder mit Wurst oder Schinken.

Levis gebackene Bohnen

10 Portionen auf Toast

- 500 g getrocknete Haricot-Bohnen
- 2 Knoblauchzehen, grob gehackt
- 4 EL Tomatenpüree
- 3 EL Ahornsirup
- 3 EL feiner hellbrauner Zucker
- 3 EL Apfelessig
- 1 große Zwiebel, halbiert, mit 2 Nelken gespickt
- 2 TL Salz
- 3 Lorbeerblätter
- 1 TL gemahlener Piment
- frische Korianderblätter zum Garnieren

1 Bohnen mit Wasser bedeckt und zugedeckt über Nacht einweichen. Am nächsten Tag abgießen, abspülen und in eine große Kasserolle schütten. Bohnen wiederum gut mit Wasser bedecken und aufkochen lassen. Den Schaum, der sich an der Oberfläche bildet, abschöpfen.

2 Bohnen 10 Minuten kochen, dann die Temperatur drosseln. Den Deckel aufsetzen und die Bohnen zwischen 30 und 60 Minuten köcheln lassen. Sie sollten auf jeden Fall weich sein. Werfen Sie ab und zu einen Blick in den Topf. Ist das Wasser fast verkocht, gießen Sie frisches hinzu. Je nach Art der Bohnen kann die Kochzeit zum Teil erheblich variieren.

3 Den Backofen auf Ober-/Unterhitze 140 °C (Heißluft 120 °C) vorheizen. Alle Zutaten außer Korianderblättern zu den Bohnen geben und alles gut mischen. So viel frisches Wasser zugießen, bis die Zutaten bedeckt sind. Den Deckel aufsetzen und die Kasserolle in den Backofen stellen. Insgesamt 2 Stunden darin backen. Bohnen umrühren, ggf. weiteres Wasser zugießen, abgedeckt eine weitere Stunde im Ofen backen. Zum Schluss abschmecken und mit frischem Koriander garniert anrichten. Diese Bohnen halten sich im Kühlschrank einige Tage frisch.

Mit der dem Gaumen schmeichelnden Avocado und den gegrillten Süßkartoffelscheiben, die durch das Dressingbad noch köstlicher werden, haben Sie eine wunderbar süße und sättigende Mahlzeit.

Warmer Avocadosalat mit Paprika und Süßkartoffeln

4 Portionen

2 rote Paprika, entkernt, geviertelt

1 ½ EL Olivenöl, zusätzlich etwas für die Süßkartoffeln

Salz und schwarzer Pfeffer

2 Süßkartoffeln, geschält

2 reife Avocados

1 Spritzer Zitronensaft

225 g Rucola, junge Spinatblätter, Brunnenkresse oder Feldsalat

Für das Dressing

1 EL Sherryessig

Ein klitzekleines bisschen Dijon-Senf

½ kleine rote Chili, entkernt, fein gehackt

½ TL feiner Zucker

4 EL extra natives Olivenöl

1 Spritzer Rum (nach Belieben)

1 Den Backofen auf Ober-/Unterhitze 190 °C (Heißluft 170 °C) vorheizen. Paprika auf ein Backblech legen und gleichzeitig die Süßkartoffeln in Folie wickeln und mit aufs Backblech legen. Die Paprika mit Öl beträufeln und etwa 30 Minuten im Ofen backen, bis sie weich ist. Kartoffeln so lange backen, bis sie gerade weich sind (sie werden noch weitergegart, sollten also nicht zu weich sein). Paprika zum Abkühlen in einen Gefrierbeutel legen.

2 Für das Dressing alle Zutaten miteinander verrühren. Mit Salz und Pfeffer abschmecken.

3 Avocados halbieren, Steine entfernen und das Fruchtfleisch mit der Schale längs in Scheiben schneiden. Jetzt vorsichtig jede Scheibe schälen. Etwas Zitronensaft über die Avocados träufeln, damit sie sich nicht verfärben, dann würzen.

4 Paprikastücke aus dem Gefrierbeutel nehmen, Haut abziehen und wegwerfen. Fleisch in Streifen schneiden. Kartoffeln in Scheiben schneiden, etwa so dick, wie Ihr kleiner Finger ist. Mit Öl bestreichen und würzen. Eine gerillte Grillpfanne erhitzen und die Kartoffelscheiben von beiden Seiten braten, bis sie richtig hübsch versengt sind.

5 Vorsichtig Kartoffeln, Paprikastreifen, Avocadoscheiben und Salatblätter mit dem Dressing vermengen. Sofort essen!

Ich mag die liebliche Schärfe von Chili als feines Hintergrundaroma zu gesundem Spinat und Kürbis. Erdnüsse aus der Dose geben dem Salat das gewisse Etwas. Probieren Sie dazu scharfes Brathähnchen oder Schweinefleisch.

Kürbis-Spinat-Salat mit Chili, Erdnüssen und Ingwerdressing

6 Portionen als Beilage

- 1 kg Butternut-Kürbis, halbiert, entkernt, in 1 cm dicken Stücken
- 3 EL Olivenöl
- Salz und schwarzer Pfeffer
- 1 TL feiner Zucker
- 2 rote Chilis, entkernt, in Scheibchen
- 150 g junge Spinatblätter

Für das Dressing

- 2 TL Weißweinessig
- ein klitzekleines bisschen Dijon-Senf
- 1 Stück in Sirup eingelegten Ingwer, fein gehackt, zusätzlich 1 TL Sirup
- 5 EL Erdnussöl
- 25 g geröstete Erdnüsse, grob gehackt

1 Den Backofen auf Ober-/Unterhitze 200 °C (Heißluft 180 °C) vorheizen.

2 Kürbisstücke auf einem Backblech verteilen, mit Öl beträufeln, würzen und dann mit Zucker bestreuen. Mit den Händen gut vermengen, der Kürbis sollte rundherum mit Öl bedeckt sein. 25 Minuten auf mittlerer Schiene im Backofen rösten. Nach 15 Minuten Chilis darüberstreuen. Einige Zeit abkühlen lassen.

3 Für das Dressing Essig, Senf, Ingwer und Sirup in eine Tasse geben und verrühren. Das Öl mit einer Gabel unterschlagen. Abschmecken und Erdnüsse unterrühren.

4 Spinat und Kürbis vorsichtig mit dem Dressing vermengen. Sofort essen!

Der Zuchtfisch Tilapia hat festes Fleisch, das leicht zu garen und relativ günstig ist. Die Fischküchlein eignen sich gut zum Brunch, Sie können sie aber auch mit einem leichten Salat zum Mittag- oder Abendessen zubereiten. Sie schmecken großartig zu meinem pappigen Rotkohl (siehe Seite 120).

Goldbraune Tilapia-Fischküchlein

4 Portionen

500 g Süßkartoffeln, in kleinen Stücken

4 enthäutete Tilapia-Filets (ca. 450 g)

200 ml Milch oder Wasser

fein geriebene Schale von 1 Limette

geriebene Muskatnuss

2 Frühlingszwiebeln, nur das Grün, fein gehackt

1 scharfe rote Chili (am besten die schottische Bonnet), entkernt, fein gehackt

Salz und schwarzer Pfeffer

1–2 EL Olivenöl

1 Limette, geviertelt, zum Servieren (oder die abgeriebene Schale verwenden)

Für die Panade

60 g Mehl

100 g Semmelbrösel

1 Süßkartoffeln mit Wasser bedecken und aufkochen lassen. Bei mittlerer Hitze ca. 5 Minuten köcheln bzw. so lange, bis sie gar sind. Abgießen. In der Zwischenzeit Tilapia-Filets in einen weiten Topf legen und mit Milch oder Wasser bedecken. Aufkochen und zugedeckt bei schwacher Hitze in ca. 5 Minuten gar ziehen lassen.

2 Süßkartoffeln in einer Rührschüssel musen. Limettenschale, Muskat, Frühlingszwiebelgrün und Chili unterrühren. Fisch aus dem Topf nehmen, trocken tupfen und in kleine Stücke schneiden. Unter die Süßkartoffelmasse rühren und würzen.

3 Für die Panade Mehl auf einen kleinen Teller und Semmelbrösel auf einen zweiten kleinen Teller geben. Aus der Küchleinmasse 8 gleich große Kugeln formen und diese zu etwa 2,5 cm dicken Plätzchen flach drücken. Jedes Küchlein zuerst in Mehl, dann in Semmelbröseln wenden.

4 Öl in einer Bratpfanne erhitzen und die Küchlein portionsweise darin von beiden Seiten goldbraun braten. Das dauert etwa 8 Minuten. Dazu gibt es Limettenstücke.

Hierfür brauchen Sie gute und frische Garnelen, denn die Brühe entscheidet über das Aroma. Manchmal gebe ich gewürfelte und gegarte Süßkartoffeln oder festkochende Kartoffeln hinzu oder sogar Kürbis, um das Essen zu strecken. Großartig schmecken die Garnelen zu einfachem gekochtem Reis.

Kreolische Garnelen

4–5 Portionen

500 g rohe Garnelen, mit Schale

150 ml trockener Weißwein

1 Zwiebel, 1 Hälfte grob, die andere fein gehackt

einige Sellerieblätter

3 EL Olivenöl

4 Knoblauchzehen, grob gehackt

1 grüne Paprika, entkernt, gewürfelt

1 rote Paprika, entkernt, gewürfelt

½ TL scharfes Paprikapulver

½ TL gemahlener Cumin

400 g Tomaten in Sauce, aus der Dose

1 TL feiner hellbrauner Zucker (oder nach Geschmack)

Salz und schwarzer Pfeffer

2 EL gehackte, frische Korianderblätter

Limettenstücke zum Servieren

1 Garnelen schälen, Kopf und kleine Beinchen abtrennen. Mit einem scharfen Messer den Rücken jeder Garnele leicht einschneiden und mit den Fingern oder einem Cocktailspieß den schwarzen Darm entfernen. Schalen mit Wein, grob gehackter Zwiebel und Sellerieblättern in einen Topf geben. 30 Minuten köcheln lassen, dann durch ein Sieb in eine Schüssel abgießen. Die Brühe aufbewahren.

2 Öl in einem Topf erhitzen und fein gehackte Zwiebel, Knoblauch und Paprika darin bei mittlerer Hitze sautieren. Paprikapulver und Cumin einrühren und 1 Minute mit erhitzen, dann Tomaten und Saft, Zucker und Garnelenbrühe zugeben. Nach Geschmack würzen.

3 Das Ganze etwa 20–30 Minuten sanft köcheln, bis die Mischung eine dicke Konsistenz hat. Dann die Garnelen hineingeben und 4 Minuten darin erhitzen. Die kreolischen Garnelen mit frischen Korianderblättern bestreut und mit Limettenstücken servieren.

Der französische Klassiker „moules marinières“ erscheint hier im frischen karibischen Kleid. Einfach fantastisch!

Kokos-Chili-Muscheln

4 Portionen als leichte Vorspeise oder Mittagessen

- 2 kg Muscheln
- 400 ml Kokosmilch
- 2 rote Zwiebeln, in dicken Scheiben
- 4 Frühlingszwiebeln, nur das Grün, in dicken Stücken
- 2 Knoblauchzehen, fein gehackt
- 1 scharfe rote Chili (am besten die schottische Bonnet), mit oder ohne Kerne (hängt davon ab, wie scharf Sie es mögen), fein gehackt
- fein geriebene Schale und Saft von 1 Bio-Limette
- 2 EL frisch gehackte Korianderblätter zum Garnieren
- knuspriges Brot zum Servieren (nach Belieben)

1 Muscheln vorbereiten: Unter fließend kaltem Wasser schrubben und die „Bärte“ entfernen (die Fäden, die seitlich aus der Schale herausgucken). Alle zerbrochenen und alle geöffneten Muscheln wegwerfen, auch die, die sich nicht schließen, wenn man gegen die Schale klopft.

2 Kokosmilch in eine große Kasserolle gießen, rote Zwiebeln, Frühlingszwiebelgrün, Knoblauch, Chili, Limettenschale und -saft zugeben. Das Ganze 15 Minuten sanft köcheln.

3 Muscheln hineingeben, den Deckel auf die Kasserolle setzen und die Muscheln bei schwacher Hitze 5–8 Minuten darin garen, ab und zu umrühren. Prüfen, ob alle Schalen geöffnet sind und das Muschelfleisch gar ist.

4 Muscheln auf vier große Schüsseln verteilen, alle Muscheln, die sich nicht geöffnet haben, wegwerfen. Die Flüssigkeit darübergeben. Mit frischen Korianderblättern bestreuen und nach Belieben mit frischem, knusprigem Brot servieren.

Picknick

In den Südstaaten der USA ist das Brot sehr beliebt, aber auch zu karibischen Mahlzeiten passt es, denn es sind Zutaten drin, die man dort gern mag. Statt Buttermilch können Sie auch saure Sahne mit Milch mischen. Sie benötigen insgesamt 170 Milliliter Flüssigkeit. Das Maisbrot schmeckt fantastisch zu pikantem Brathähnchen und Grünzeug oder zu Frühstücksrezepten wie der Choka mit Räucherfisch (siehe Seite 16).

Knuspriges Maisbrot

6 Portionen

- 1 Stückchen Fett für die Form
- 1 EL Erdnussöl
- 4 Frühlingszwiebeln, nur das Grün, fein gehackt
- 1 kleine rote Chili, entkernt, fein geschnitten
- 125 g Mais aus der Dose, abgegossen
- 150 g Maismehl oder feine Polenta
- 1 EL Mehl
- 1 knapper EL Backpulver
- 1 TL Backnatron
- 1 gute Prise Salz
- 1 EL feiner Zucker
- 1 Ei, verquirlt
- 170 ml Buttermilch
- 1 EL Butter, zerlassen

1 Den Backofen auf Ober-/Unterhitze 210 °C (Heißluft 190 °C) vorheizen. Eine Springform (ca. 5 cm tief, 20 cm breit) einfetten und in den Ofen stellen, um richtig heiß zu werden. Öl in einer Pfanne bei mittlerer Hitze heiß werden lassen und Frühlingszwiebelgrün, Chili und Mais darin etwa 1 Minute sautieren, bis Zwiebeln und Chili weich sind. Pfanne vom Herd ziehen.

2 Die trockenen Zutaten in eine Rührschüssel sieben. Ei und Buttermilch verschlagen und nach und nach mit einer Gabel unter die trockenen Zutaten schlagen. Zerlassene Butter und die Zwiebel-Chili-Maismischung unterrühren.

3 Die Springform vorsichtig aus dem Ofen nehmen und den Maisbrotteig hineingeben – dabei sollte es richtig zischen. Form wieder in den Ofen stellen und das Brot 15–20 Minuten backen; es sollte eine goldbraune Farbe haben und die Ecken sollten sich bereits vom Rand der Form lösen. Auf einem Rost abkühlen lassen, aus der Form nehmen und in „Tortenstücke" schneiden.

Ein wärmender, süßer und herzhafter Salat mit dem gewissen Etwas. Und er ist gut für Sie. Ein großartiges Rezept für Vegetarier, aber wenn Sie den Salat mit Fleisch anreichern möchten, sollten Sie sautierten Schinkenspeck oder eine sehr pikante Wurst (wie wäre es mit Chorizo?) nehmen. Ideal für ein Picknick im Grünen!

Tomaten-Avocado-Salat mit Maisbrot

8 Portionen als Beilage, 6 als Vorspeise

- 1 x Rezept Maisbrot (siehe Seite 48)
- 800 g Tomaten, halbiert oder geviertelt (je nach Größe)
- 2 Avocados, in Scheiben, geschält
- 300 g junge Spinatblätter
- Saft von ½ Zitrone

Für das Dressing

- 3 EL Balsamico-Essig
- 7 EL Olivenöl
- 1 Prise feiner Zucker
- 1 lange rote Chili, entkernt, in feinen Scheiben
- Salz und schwarzer Pfeffer

1 Den Backofen auf Ober-/Unterhitze 190 °C (Heißluft 170 °C) vorheizen. Für das Dressing alle Zutaten mit einer Gabel verschlagen und nach Geschmack würzen.

2 Das Maisbrot in Stücke zupfen und diese auf ein Backblech legen. Im Backofen etwa 8 Minuten erhitzen, bis es leicht getoastet ist. Avocadoscheiben mit Zitronensaft beträufeln.

3 Vorsichtig die Salatzutaten mit dem Dressing und den noch heißen Brotstücken in einer weiten Schüssel mischen. Zum Servieren in kleine Salatschüsseln füllen. Soll der Salat mit auf ein Picknick, das Dressing in einem separaten Behälter mitnehmen und erst kurz vor dem Essen mit den Salatzutaten mischen.

Ich liebe das sonnige Gemüt dieser Tarte und die Kombination von Süßkartoffel und Zwiebel mit dem salzigen Feta und der scharfen Chili. Ideal für ein Picknick. Die Tarte schmeckt aber auch gut mit Salat als Vorspeise, selbst als leichtes Hauptgericht ist sie geeignet, wenn Sie noch einige Buschbohnen dazutun.

Sonnenschein-Tarte mit Feta, Süßkartoffel und roten Zwiebeln

4–5 Portionen

225 g fertiger Mürbeteig

Backbohnen zum Blindbacken

1 EL Olivenöl

2 rote Zwiebeln, fein gehackt

Blätter von 1 großen Thymianzweig, zusätzlich einige zum Garnieren

200 g Süßkartoffeln, in 5 mm dicken Scheiben

100 g Feta, in 2 cm großen Würfeln

1 scharfe rote Chili (am besten die schottische Bonnet), entkernt, fein geschnitten

3 Eier

6 EL Crème fraîche (ca. 90 g)

schwarzer Pfeffer

1 Den Backofen auf Ober-/Unterhitze 200 °C (Heißluft 180 °C) vorheizen. Den Mürbeteig dünn ausrollen und eine beschichtete Metall-Tarteform (Durchmesser 25 cm) damit auslegen. Überhängenden Teig abschneiden. Ein Stück Backpapier auf den Teig legen und einige Backbohnen darauflegen. Den Teig im Ofen 10 Minuten blindbacken, dann Bohnen und Backpapier wieder entfernen. Form für weitere 3 Minuten oder so in den Backofen stellen, damit der Teigboden trocknet. Dann herausnehmen und die Temperatur auf 180 °C (Heißluft 160 °C) herunterstellen. Ein Backblech im Backofen heiß werden lassen.

2 In der Zwischenzeit Öl in einer Pfanne erhitzen und Zwiebeln und Thymianblätter darin weich (ca. 15 Minuten) dünsten. Die Zwiebelmasse auf dem vorgebackenen Teigboden verstreichen. Süßkartoffeln, Feta und Chili daraufgeben. Eier in einer Schüssel aufschlagen und mit Crème fraîche verrühren. Die Masse gleichmäßig über den Tartebelag verteilen. Mit Thymianblättern garnieren und nicht zu knapp mit Pfeffer bestreuen (Salz braucht die Tarte nicht, der Feta ist salzig genug).

3 Die Tarte auf das heiße Backblech stellen und 25–30 Minuten auf mittlerer Schiene backen, bis die Crème fraîche-Ei-Masse fest ist und eine goldgelbe Farbe hat. Während des Backens darauf achten, dass die Kanten nicht verbrennen; ist dies der Fall, sofort mit Folie bedecken. Heiß, warm oder kalt essen.

Auch wenn er in England als Sommersalat und Sandwichfüllung gefeiert wird, der Krönungssalat kommt oft ziemlich geschmacklos daher. Diese superwürzige Version mit frischem Obst und meinem Mango-Ingwer-Chutney (siehe Seite 126) ist das absolute Nonplusultra. Zudem ist er einfach ideal, wenn Sie mit einem Freund oder einer Freundin picknicken möchten.

Majestätischer Krönungssalat

4 Portionen

- 1 TL gemahlener Piment
- 1 ½ TL Currypulver
- 250 g Mayonnaise
- 550 g kalte gegarte Hähnchenbrust, in Streifen oder Stücken
- 6 EL griechischer Joghurt
- 6 EL Mango-Ingwer-Chutney (siehe Seite 126)
- 1 rote Chili, entkernt, in feinen Scheiben
- 1 guter Spritzer Limettensaft
- Salz und schwarzer Pfeffer
- Chilipulver

Zum Servieren

- Mangoscheiben
- Brunnenkresseblätter
- geröstete Mandelblättchen

1 Erst die Gewürze in die Mayonnaise rühren, dann vorsichtig alle Zutaten vermengen. Mit Salz und Pfeffer und etwas Chili abschmecken.

2 Hähnchensalat mit Mangoscheiben belegen und mit Brunnenkresse und mit Mandelblättchen bestreut servieren.

Dieser Pfannkuchen ist saftiger und dünner als die normalen Eierkuchen, und er schmeckt nach mehr. Das tropische I-Tüpfelchen sind die getrockneten Bananenchips. Sie sind schon pur lecker, erst recht hier ...

Bananen-Honig-Pfannkuchen

12 Pfannkuchenstücke

175 g Butter, zusätzlich etwas für die Form

25 g heller Muscovado-Zucker

1 EL Honig

1 ½ EL goldener Zuckerrübensirup

1 große reife Banane

300 g kernige Haferflocken

75 g getrocknete Bananenchips

1 Den Backofen auf Ober-/Unterhitze 180 °C (Heißluft 160 °C) vorheizen. Eine flache Form großzügig mit Butter einstreichen. Restliche Butter zerlassen. Zucker, Honig und Sirup zugeben und unter Rühren erhitzen, so lange rühren, bis alles geschmolzen ist bzw. sich aufgelöst hat. Topf vom Herd ziehen und das Ganze abkühlen lassen.

2 Banane in einer Rührschüssel musen, dann den Buttersirup und die Haferflocken unterarbeiten. Die Hälfte der Mischung in die vorbereitete Form geben und verstreichen. Mit Bananenchips bestreuen. Den Rest der Mischung daraufgeben, glatt verstreichen und ein wenig herunterdrücken. (Die Bananenchips müssen richtig in der Mischung liegen, sonst verbrennen sie.)

3 Die Form auf mittlerer Einschubleiste in den Backofen stellen und 25–30 Minuten backen. Der Pfannkuchenteig sollte goldgelb sein. Aus dem Ofen nehmen und mit einem Messer sofort 12 gleich große Stücke markieren. Während des Abkühlens ziehen sich diese wieder zusammen. Vollständig in der Form abkühlen lassen, dann in 12 Stücke schneiden. In einem luftdichten Gefäß aufbewahrt, hält sich der Pfannkuchen einige Tage.

Grillen

Die fette Makrele bildet mit dem feinen Aroma der Avocado ein köstliches Duo. Sie sollten beim Essen immer von beidem etwas im Mund haben! Sie können den Fisch unter dem Backofengrill oder auf dem Holzkohlegrill garen. Einfacher Reis und ein Spinatsalat oder süße geröstete Paprika sind schmackhafte Begleiter.

Gewürzmakrele mit Avocadomus

4 Portionen

4 küchenfertige Makrelen (mit Kopf und Schwanz)

Zitronen- oder Limettenstücke zum Servieren

Für die Marinade

2 TL Koriandersamen

1 TL Mischgewürz

2 TL schwarze Pfefferkörner

1 Stück frischer Ingwer (2,5 cm), geschält, fein gehackt

1 TL Cuminsamen

Saft von 2 Limetten

1 EL Olivenöl, zusätzlich etwas für die Folie

Für das Avocadomus

2 Avocados

2 TL Weißweinessig

Saft von 1 Limette

1 Knoblauchzehe, zerdrückt

1 gute Handvoll Minzeblätter, grob gehackt

Salz und schwarzer Pfeffer

1 Alles für die Marinade, außer Öl, in einen großen Mörser geben. Mit dem Stößel zermahlen, dann das Öl zugeben und das Ganze zu einer Paste verrühren. Die Makrelen innen und außen waschen, mit Küchenpapier trocken tupfen, dann rundherum mit der Marinade bestreichen – sowohl innen als auch außen. Makrelen in eine Porzellanform legen, mit Frischhaltefolie abdecken und 15–30 Minuten kalt stellen. Lassen Sie die Makrelen nicht länger als eine Stunde im Kühlschrank, denn dann gart der Limettensaft den Fisch.

2 Das Avocadomus muss quasi in letzter Minute zubereitet werden, sonst verfärbt es sich. Avocados halbieren und schälen, die Steine entfernen und das Fleisch in einer Schüssel zerdrücken und mit den restlichen Zutaten mischen. Nach Geschmack würzen.

3 Wollen Sie den Fisch auf den Holzkohlegrill legen, wickeln Sie jeden Fisch einzeln in Alufolie zu kleinen Päckchen. Folie vorher einölen und zusätzlich etwas Öl über den Fisch träufeln, damit er nicht an der Folie festklebt. Die Päckchen auf dem Rost über mittelheißen Kohlen etwa 5 Minuten garen, zwischendurch einmal wenden.

4 Wollen Sie den Fisch unter dem Backofengrill zubereiten, den Grill auf höchste Stufe stellen, Alufolie auf einen Rost legen und mit Öl bestreichen. Fisch auf die Folie legen und in ca. 5 Minuten garen. Grill ausstellen, Backofentür wieder schließen und die Makrelen weitere 4 Minuten auf dem Rost lassen. Die Resthitze beendet den Garprozess. Sie müssen sich nicht die Mühe machen, den Fisch während des Garens zu wenden.

5 Die Makrelen sofort mit Zitronen- oder Limettenstücken und dem Avocadomus servieren.

Ein wunderhübsches Essen: Die zartrosa Garnelen bilden einen herrlichen Kontrast zum Weiß der Kokosnuss. Bereiten Sie die Spieße mit frisch geriebener Kokosnuss zu, sofern Sie die Zeit dafür haben, es geht aber auch mit Kokosraspeln. Genießen Sie die Garnelen als exotische Vorspeise oder bereiten Sie für ein Hauptgericht mehr davon zu und reichen Sie als Beilagen Reis und eine Salsa. Sie benötigen für das Rezept zehn Holzspieße.

Kokos-Riesengarnelen

5 Portionen als Vorspeise
(10 Spieße)

300 g geschälte Riesengarnelen mit Schwanz

fein geriebene Schale und Saft von 1 Limette

¼ scharfe rote Chili (am besten die schottische Bonnet), entkernt, fein gehackt

50 g frisch geriebene Kokosnuss oder ungesüßte Kokosraspel

schwarzer Pfeffer

Limettenstücke zum Servieren (nach Belieben)

1 Garnelen in eine flache Porzellanform legen, mit Limettenschale, -saft und Chili vermengen. Zugedeckt im Kühlschrank 1 Stunde marinieren. In der Zwischenzeit die Holzspieße mindestens 30 Minuten in kaltem Wasser einweichen, damit sie später beim Grillen nicht anbrennen. Ein Backblech mit Backpapier belegen.

2 Den Backofengrill auf höchste Stufe stellen. Kokosnussraspel auf einen flachen Teller schütten und mit reichlich schwarzem Pfeffer mischen. Garnelen aus der Marinade nehmen und jeweils 4 Garnelen auf einen Spieß stecken. Eine Seite der Garnelen in der Kokosnuss wälzen. Dann die Garnelen mit der Kokosseite nach oben auf das Backblech legen und unter dem Grill 1 ½ – 2 Minuten garen bzw. so lange, bis die Kokosnuss hier und da beginnt, braune Farbe anzunehmen.

3 Jetzt das Blech herausnehmen und die andere Seite der Spieße in die Kokosnuss drücken. Wieder so lange grillen, bis die ersten Kokosraspel braun werden. Sind die Garnelen gar, haben sie eine rosa Farbe. Nach Belieben dazu Limettenstücke reichen.

Dem süß-rauchigen Aroma gegrillter Kokosnuss kann ich einfach nicht widerstehen. Dieses Rezept ist einfach himmlisch! Achten Sie nur darauf, das Hähnchen von den Kohlen wegzuschieben, wenn es auf jeder Seite eine schöne Farbe hat. Denn es soll ja nicht anbrennen.

Grillhähnchen mit Kokos und Thymian

6 Portionen

6 Hähnchenschenkel, mit Haut

Für die Marinade

2 Dosen Kokoscreme (insgesamt 800 g)

2 EL feiner hellbrauner Zucker

fein geriebene Schale und Saft von 2 Limetten

2 TL Weißweinessig

6 Knoblauchzehen, zerdrückt

Blätter von 8 Thymianzweigen, gehackt

2 rote Chilis, entkernt, fein gehackt

1 Alle Zutaten für die Marinade, außer den Chilis, in einen Mixer oder eine Küchenmaschine geben und zerkleinern. Probieren Sie, ob Süße und Säure in einem ausgewogenen Verhältnis zueinander stehen. Geben Sie, falls nötig, etwas Essig oder Zucker hinzu. Chili unterrühren.

2 Die Hähnchenteile auf der Fleischseite (nicht auf der Hautseite) mit einem scharfen Messer mehrmals einpieksen. Hähnchen in eine Schale legen und die Marinade darübergießen. Hähnchen wenden, damit beide Seiten mit der Marinade überzogen sind. Mit Frischhaltefolie abdecken und mindestens 1 Stunde (bis zu 24 Stunden) in den Kühlschrank stellen. Die Teile zwischendurch häufiger wenden.

3 Hähnchen aus der Marinade nehmen. Entweder einen Holzkohlengrill anzünden und warten, bis die Kohlen zu grauer Asche zerfallen und mittelheiß sind oder den Backofengrill auf mittelheiße Stufe stellen. Auf dem Holzkohlengrill die mit Marinade beträufelten Hähnchenteile etwa 3 Minuten von jeder Seite grillen, dann von den Kohlen wegschieben und weitere 15 Minuten grillen, bis das Fleisch gar ist (pieksen Sie mit einem Spieß in die dickste Stelle, sind die herauslaufenden Säfte klar, ist das Fleisch fertig, falls nicht, weitere 5 Minuten auf dem Rost liegen lassen und noch einmal die Garprobe machen.)

4 Für den Backofengrill ein Backblech mit Folie belegen und die Hähnchenschenkel mit der Unterseite nach oben darauflegen. Unter dem mittelheißen Grill garen, bis sie goldbraun sind (etwa 3–4 Minuten). Wenden, etwas von der Marinade darüberträufeln und ebenfalls 3–4 Minuten grillen. Die Hitze herunterstellen und das Hähnchen weitere 15 Minuten garen bzw. so lange, bis das Fleisch durch und durch gar ist und bei der Garprobe keine rosa Säfte mehr austreten (siehe Punkt 3).

Diese einfache, schmackhafte Mahlzeit ist ideal für den Grill; wenn Sie sie außerhalb der Grillsaison zubereiten, ist sie auch als Abendbrot geeignet. Sofern möglich, sollten Sie das Fleisch mehrere Stunden marinieren, damit es in den Aromen so richtig ertrinkt. Sie benötigen zwölf Holzspieße. Dazu schmeckt einfacher Reis oder mein Reis Rot-Grün-Gold (siehe Seite 131).

Hähnchenspieße mit Limette und Honig

4 Portionen

8 Hähnchenschenkel, ohne Knochen und Haut

Für die Marinade

2 EL Sojasauce

Saft von 4 Limetten

2 EL Honig

½ EL Sonnenblumenöl

schwarzer Pfeffer

1 Hähnchenteile mindestens einige Stunden marinieren, bevor sie auf den Grill kommen. Dafür Sojasauce, Limettensaft, Honig und Öl in einer Porzellanform verrühren. Mit reichlich schwarzem Pfeffer würzen. Ist der Honig dick, löst er sich rasch auf, wenn Sie einfach einige Male umrühren. Jeden Schenkel in 5 Teile schneiden, mit der Marinade mischen, mit Frischhaltefolie abdecken und in den Kühlschrank stellen.

2 Die Holzspieße mindestens 30 Minuten in kaltem Wasser einweichen, damit sie später nicht anbrennen. Zieharmonikamäßig jeweils 3–4 Stücke auf einen Spieß stecken.

3 Entweder einen Holzkohlengrill anzünden und warten, bis die Kohlen zu grauer Asche zerfallen und mittelheiß sind oder den Backofengrill auf mittlere Stufe stellen. Die Hähnchenspieße etwa 10 Minuten oder so auf dem Holzkohlengrill garen, mehrmals wenden und mehrmals mit der Marinade bestreichen. So lange grillen, bis die Außenseite goldgelb ist und das Innere gar (pieksen Sie mit einem Spieß hinein, sind die herauslaufenden Säfte klar, ist das Fleisch fertig, falls nicht, weitere 5 Minuten auf dem Rost liegen lassen und noch einmal die Garprobe machen.)

4 Garen Sie die Spieße unter dem Backofengrill, belegen Sie ein Backblech mit Folie und setzen Sie die Spieße darauf. Restliche Marinade darübergeben und unter dem Grill 5 Minuten garen, wenden und erneut mit Marinade bestreichen. Weitere 5 Minuten garen, erneut wenden und eine weitere Minute oder so weitergrillen, bis das Hähnchen gar ist (Garprobe wie unter Punkt 3). Die dicke Sauce darübergeben (einiges wird anbrennen, aber das macht nichts) und servieren.

Das kubanische Essen kann sowohl im Backofen als auch auf dem Grill zubereitet werden. Sie können dafür Hähnchenschenkel mit Knochen nehmen und diese bei Ober-/Unterhitze 190 °C in 35 Minuten garen. Oder Sie marinieren ein ganzes Hähnchen (ca. 1,5 kg) und garen es bei gleicher Temperatur ca. 1 ½ Stunden. Wird der Vogel zu dunkel, müssen Sie ihn allerdings mit Folie abdecken. Lecker dazu ist eiskaltes Bier!

Grillhähnchen mit Mojo

6 Portionen

12 Hähnchenschenkel, ohne Knochen

Für die Marinade

- 3 TL Cuminsamen
- 6 Knoblauchzehen
- 2 rote Chilis, entkernt
- Salz zum Abschmecken
- 4 EL Olivenöl
- 5 EL frisch gepresster Orangensaft
- 5 EL Limettensaft

Zum Servieren

- gegrillte Maiskolben, halbiert
- gegrillte Orangen- und Limettenstücke

1 Für die Marinade eine schwere, mittelgroße Pfanne bei mittlerer Hitze heiß werden lassen und die Cuminsamen darin 2 Minuten rösten, bis sie ihr würziges Aroma freisetzen (ihre Farbe wird dabei etwas dunkler).

2 Cumin in die Schüssel einer kleinen Küchenmaschine geben und Knoblauch und Chili mit etwas Salz zugeben. Zu einer groben Paste zermahlen, dann in eine kleine Schüssel umfüllen. Öl in derselben Pfanne sehr heiß werden lassen, dann über die Paste gießen und sofort verrühren. Etwa 15 Minuten ruhen lassen, dann Orangen- und Limettensaft unterrühren und die Paste vollständig erkalten lassen.

3 Hähnchenteile auf der Fleischseite (nicht auf der Hautseite) mit einem scharfen Messer mehrmals einpieksen. In einer Lage in eine Porzellanform legen und die Marinade darübergießen. Hähnchenteile umdrehen, damit beide Seiten mit der Marinade überzogen sind. Mit Frischhaltefolie abdecken und mindestens 1 Stunde (bis zu 5 Stunden) im Kühlschrank marinieren.

4 Den Holzkohlengrill anzünden und warten, bis die Kohlen zu grauer Asche zerfallen und mittelheiß sind. Hähnchen aus der Marinade nehmen und auf dem Grillrost garen. So oft wie möglich das Fleisch mit Marinade bestreichen. Haben die Teile auf beiden Seiten Farbe, das dauert etwa jeweils 2 Minuten, diese an die Seite des Rostes schieben und weitere 8–10 Minuten grillen bzw. so lange, bis sie gar sind (pieksen Sie mit einem Spieß hinein, sind die herauslaufenden Säfte klar, ist das Fleisch fertig, falls nicht, weitere 5 Minuten auf dem Rost liegen lassen und noch einmal die Garprobe machen.)

5 Dazu gegrillte Maiskolben und gegrillte Orangen- und Limettenstücke servieren.

Typisch karibisch ist hier die Mischung aus wohltuenden Aromen. Lammkoteletts sind normalerweise etwas anderes gewohnt. Wenn Sie im Voraus planen können, sollten Sie die Koteletts mindestens 24 Stunden marinieren, noch besser sogar 48 Stunden. Nur so können die feinen Aromen ins Fleisch dringen. Doch sollten Sie das vergessen, ist es auch nicht so schlimm. Schon einige Stunden reichen, damit das Lamm schmeckt. Sie benötigen 16 kleine Holzspieße.

Lammkoteletts mit Thymian und Limette

4 Portionen

8 Lammkoteletts aus der Lende

Für die Marinade

- 1 großes Bund Thymian
- 4 EL Limettensaft
- 1 EL fein geriebene Limettenschale
- 4 EL Sirup aus einem Glas eingelegtem Ingwer
- frische Ingwerwurzel, ca. 2,5 cm, geschält
- 1 EL Olivenöl
- ½ TL Salz
- 1 scharfe rote Chili (am besten die schottische Bonnet)

1 Holzspieße mindestens 30 Minuten in kaltem Wasser einweichen, um zu verhindern, dass sie später beim Grillen anbrennen.

2 Die holzigen, dicken Enden der Thymianzweige entfernen und den Rest in die Schüssel einer kleinen Küchenmaschine geben. Alle anderen Zutaten, außer den Lammkoteletts natürlich, dazugeben. Wer es nicht so scharf mag, entfernt die Kerne der Chili oder legt sie für eine andere scharfe Speise zur Seite. Zutaten gut mischen, die Marinade muss allerdings nicht absolut fein sein.

3 In jedes Kotelett 2 Spieße stecken, damit sie während des Garens nicht ihre Form verändern. Lamm in eine flache Porzellanform legen, mit der Marinade begießen. Mit Frischhaltefolie abdecken und am besten 48 Stunden im Kühlschrank marinieren. Zwischendurch die Koteletts häufiger umdrehen. 30 Minuten vor dem Grillen die Koteletts aus dem Kühlschrank nehmen.

4 Entweder einen Holzkohlengrill anzünden und warten, bis die Kohlen zu grauer Asche zerfallen und mittelheiß sind oder den Backofengrill auf mittlere Stufe stellen. Lamm unter häufigem Wenden auf dem Grill garen, bis das Fleisch gar ist (das dauert etwa 2–3 Minuten von jeder Seite für „rare“ und 3–4 Minuten von jeder Seite für „well done“). Alternativ können Sie die Koteletts auch in der Pfanne braten, zum Schluss die restliche Marinade einrühren, damit das Fleisch die köstlichen Aromen vom Pfannenboden mit annimmt.

Es ist gar nicht so einfach, etwas Neues und Interessantes für Schweinekoteletts zu entdecken. Das Rezept ist deshalb all denen gewidmet, die für Freunde kochen möchten und auf der Suche nach Inspirationen sind. Dazu schmeckt mein Reis Rot-Grün-Gold (siehe Seite 131). Hier bereite ich die Koteletts in der Pfanne zu, natürlich schmecken sie vom Grill mindestens!! genauso gut.

Schweinekoteletts Calypso

6 Portionen

6 Schweinekoteletts (jeweils ca. 300 g)

3 EL Sonnenblumenöl

Salz und schwarzer Pfeffer

Für die Marinade

10 EL feiner dunkelbrauner Zucker

Saft von 3 Limetten

2 rote Chilis, entkernt, grob gehackt

2 Knoblauchzehen, zerdrückt

1 TL gemahlener Ingwer

4 EL Rum

1 Spritzer Angostura-Bitter (nach Belieben)

Zum Servieren

Limettenstücke zum Beträufeln

frische Korianderblätter (nach Belieben)

1 Alle Marinadenzutaten verrühren und in eine große Porzellanform geben. Koteletts in die Marinade legen, wenden, damit beide Seiten gut überzogen sind. Mit Frischhaltefolie abdecken und einige Stunden (bis zu 24) im Kühlschrank marinieren. Koteletts so oft wie möglich umdrehen.

2 Zwei Bratpfannen richtig heiß werden lassen, Koteletts aus der Marinade nehmen, überschüssige Marinade in die Form abtropfen lassen. Fleisch mit Öl bestreichen und würzen. Bei starker Hitze das Fleisch etwa 3 Minuten braten bzw. so lange, bis die Koteletts Farbe bekommen, dann wenden und das Ganze wiederholen.

3 Die Temperatur auf schwache Hitze reduzieren und die Koteletts garen, bis das Fleisch durch ist. Das dauert etwa 10 Minuten. Wenn Sie mit einem Spieß hineinstechen, dürfen nur noch klare Bratensäfte herauslaufen. Gegen Ende der Garzeit die Marinade zugießen und die Schweinekoteletts glasieren. Mit etwas Limettensaft beträufeln und nach Belieben mit frischem Koriander garnieren.

Die dicke Marinade ist herrlich süß und man schmeckt sogar beim Fleisch noch den Ananassaft heraus. Glauben Sie mir, die Aromen werden Ihre Geschmacksknospen in einen Begeisterungstaumel versetzen!

Marinierte Spareribs

4 Portionen

16 Spareribs

1 Zwiebel, geviertelt

1 Selleriestange, in 4 Teile geschnitten

10 Pimentkörner

Für die Marinade

2 EL Pflanzenöl

2 EL feiner dunkelbrauner Zucker

4 EL Mangochutney

200 ml Ananassaft

1 TL Salz

½ –1 TL Cayennepfeffer zum Abschmecken

½ TL gemahlener Zimt

1 knapper EL gemahlener Ingwer

1 Spareribs, Zwiebel, Sellerie und Pimentkörner in einen großen Topf legen. Mit Wasser bedecken, aufkochen und etwa 1 Stunde köcheln lassen.

2 In der Zwischenzeit alle Zutaten für die Marinade bei mittlerer Hitze in einen Topf geben. Gut umrühren, aufkochen, dann bei schwacher Hitze 20 Minuten köcheln. Ab und zu umrühren. Zum Schluss sollte die Sauce eine dickliche Konsistenz haben.

3 Spareribs abgießen und Zwiebel, Sellerie und Piment entfernen. Spareribs mit der dicken Sauce überziehen und etwas abkühlen lassen, dann mit Frischhaltefolie abdecken und im Kühlschrank mindestens 4 Stunden marinieren, am besten sogar über Nacht. Koteletts möglichst oft wenden. 30 Minuten vor dem Grillen aus dem Kühlschrank nehmen.

4 Entweder einen Holzkohlengrill anzünden und warten, bis die Kohlen zu grauer Asche zerfallen und mittelheiß sind oder den Backofengrill auf mittlere Stufe stellen. Rippchen auf den Rost des Grills legen und ab und zu wenden, bis sie richtig schön gebräunt und gar sind. Für die Zubereitung unterm Backofengrill ein Backblech mit Backpapier belegen und die Rippchen darauflegen. Sie sollten gleichmäßig mit Sauce überzogen sein. Das Fleisch so lange grillen, bis es außen schön verkohlt und innen gar ist. Ein- oder zweimal wenden.

4 Portionen

700 g mageres Rinderhack

2 EL gehackte frische Korianderblätter

2 Frühlingszwiebeln, nur das Grün, sehr fein gehackt

1 EL Sonnenblumenöl

4 große Burger-Brötchen

4 Scheiben Käse (z. B. Red Leicester)

4 dünne rote Zwiebelscheiben

4 Fleischtomatenscheiben

4 runde Scheiben von 1 grünen Paprika

Für die Burger-Würze

1–2 TL Cayennepfeffer zum Abschmecken

Blätter von 4 Thymianzweigen

½ TL gemahlener Piment

1 TL schwarzer Pfeffer

½ –1 TL Salz

Zum Servieren

4 EL Sonnenschein-Sauce (siehe Seite 123)

4 frische Korianderblätter (nach Belieben)

Der absolute Knüller, was Aussehen und Geschmack betrifft. Der „Sonnenschein" entsteht durch die scharfen jamaikanischen Aromen und den geschmolzenen Käse. Sie können die Würze der Sauce 1 : 1 übernehmen oder nach Geschmack abwandeln. Machen Sie sie aber so scharf wie möglich.

Sonnenschein-Burger

1 Hackfleisch in eine Schüssel legen und die gehackten Korianderblätter und das Frühlingszwiebelgrün mit den Händen unterarbeiten. In einer kleinen Schüssel alle Zutaten für die Würze vermengen, zum Hack geben und gut unterkneten. Die Hackmasse vierteln und jeweils einen großen Burger daraus formen (ca. 2 cm dick).

2 Öl in einer großen Pfanne erhitzen und die Burger bei mittlerer Hitze und gelegentlichem Wenden 8 Minuten braten bzw. so lange, bis das Fleisch durch ist. In der Zwischenzeit entweder einen Holzkohlengrill anzünden und warten, bis die Kohlen zu grauer Asche zerfallen und mittelheiß sind oder den Backofengrill auf höchste Stufe stellen.

3 Burger-Brötchen halbieren und auf dem Grill oder auf einem Backblech unter dem Backofengrill leicht rösten. Die untere Brötchenhälfte mit dem Hack-Burger belegen, gefolgt von 1 Scheibe Käse, Zwiebelscheiben, Tomate und Paprika. So lange grillen, bis der Käse schmilzt und Blasen wirft. Dann kommen einige Löffel von meiner Sonnenschein-Sauce darauf und ggf. frische Korianderblätter. Jetzt die obere Brötchenhälfte darauflegen und leicht andrücken – und dann nur noch genießen!

Das wohl weltweit einfachste Dessert vom Grill. Schleudern Sie die Bananen auf den Grillrost und lassen Sie die heißen Kohlen einfach ihre Arbeit tun. Wer keine Passionsfrucht mag (oder diese für zu teuer hält), kann die Bananen einfach aufschlitzen und etwas geschlagene Sahne oder Vanillepudding (etwas Rum dazu ist lecker) und Schokoladenstreusel daraufgeben. Heiße Banane mit kalter Schlagsahne ist einfach göttlich!

Gegrillte Bananen mit Passionsfruchtcreme

8 Portionen

8 Bananen

300 g Schlagsahne

4 EL Zitronen- oder Orangencreme oder Pudding (aus dem Kühlregal)

8 Passionsfrüchte

Puderzucker zum Abschmecken und Bestäuben

1 Bananen in der Schale über mittelheißen Kohlen auf den Rost des Grills legen. So lange grillen, bis die Schale schwarz ist und sich das Fruchtfleisch, wenn Sie mit einem Spieß hineinstechen, weich anfühlt.

2 In der Zwischenzeit die Sahne schlagen und Creme oder Pudding unterrühren. Passionsfrüchte halbieren und mit einem Teelöffel Fruchtfleisch und Kerne herauskratzen. Das Ganze durch ein Sieb passieren und die Hälfte der Kerne wegwerfen. Die restlichen Kerne zum Fruchtbrei und Saft geben. Die Hälfte der Passionsfruchtmasse unter die Sahne-Pudding-Creme rühren. Nach Geschmack mit Puderzucker süßen (Passionsfrüchte können herb schmecken und in Kombination mit Zitronencreme kann es sein, dass Sie etwas mehr Zucker unterrühren müssen).

3 Sind die Bananen fertig, schneiden Sie diese der Länge nach auf und öffnen sie vorsichtig. Etwas von der Sahnecreme und etwas vom Passionsfruchtfleisch daraufgeben. Mit Puderzucker bestäuben und essen.

Die fruchtigen Kebabspieße muss Gott erfunden haben. Melassesirup ist nicht jedermanns Geschmack, Sie können ihn weglassen und stattdessen einfach die Zuckermenge erhöhen. Wenn Sie nirgendwo Tamarindenpaste, die aus der süß-sauren Tamarinde hergestellt wird, entdecken, können Sie stattdessen auch Limettensaft verwenden.

Glasierte Fruchtkebabs mit Tamarinde und Melasse

4–6 Portionen

- 1 Ananas
- 2 Mangos, geschält, entsteint (siehe Seite 25)
- 2 noch nicht ganz reife Bananen
- Kerne von 1 Granatapfel
- Limettenstücke zum Servieren

Für die Glasur

- 1 knapper EL Tamarindenpaste
- ½ EL Melassesirup
- 6 EL feiner hellbrauner Zucker
- fein geriebene Schale und Saft von ½ Limette

1 4–6 Holzspieße mindestens 30 Minuten in kaltem Wasser einweichen, damit sie später nicht anbrennen. Von der Ananas Stielansatz und Boden abschneiden, schälen und die schwarzen Augen herausschneiden. Der Länge nach vierteln und den harten Innenstrunk entfernen. Ananas in 3 cm große Stücke schneiden.

2 Mangos ebenfalls in ca. 3 cm große Stücke schneiden. Bananen schälen und genauso in mundgerechte Stücke schneiden.

3 Die Zutaten für die Glasur in einer weiten, flachen Schale verrühren und das Obst hineinlegen. Einmal wenden, damit die Stücke von allen Seiten mit der Glasur überzogen sind. Das Obst auf die Spieße stecken. Die Kebabs bei schwacher Hitze grillen, sind die Kohlen zu heiß, könnte die Glasur verbrennen, bevor die Früchte weich sind. Werden sie zu dunkel, wickeln Sie sie in Folie und legen sie erneut auf den Grillrost. Sie können die Früchtespieße auch in der Grillpfanne oder unter dem Backofengrill zubereiten.

4 Die fertigen Kebabs auf einen Teller legen und Granatapfelkerne darüberstreuen. Mit Limettenstücken zum Beträufeln servieren.

Warmes für mittags und abends

In dieses vegetarische Gericht gehören Cashews. Auf Jamaika habe ich die Nüsse frisch vom Baum geerntet. Eine einzige Nuss hockt oben auf der Cashewfrucht – ein wertvoller Besitz. Für die, die es nicht wissen: Cashews wachsen nicht in Tüten!

Okrapfanne mit Tofu und Cashews

4 Portionen

- 250 g fester Tofu, in 2 cm großen Würfeln
- 1 rote Zwiebel, grob gehackt
- 1 Knoblauchzehe, fein geschnitten
- frische Ingwerwurzel (5 cm), geschält, fein gehackt
- ¼ scharfe rote Chili (am besten die schottische Bonnet), entkernt, fein gehackt
- Saft von 2 Limetten
- 2 EL Sojasauce
- 225 g Langkornreis
- 1 EL Sonnenblumenöl
- 8 Okraschoten, schräg in 2 cm dicke Scheiben geschnitten
- 100 g Cashewnüsse
- Salz und schwarzer Pfeffer
- frische Korianderblätter zum Garnieren

1 Tofu mindestens 1 Stunde vorher marinieren, am besten sogar über Nacht. Zwiebel, Knoblauch, Ingwer, Chili, Limettensaft und Sojasauce in einem Porzellangefäß mischen. Tofu hineinlegen und vorsichtig mit der Marinade mischen, bis alle Stücke damit überzogen sind. Nicht zu grob, sonst zerbröckelt der Tofu. Zugedeckt im Kühlschrank stehen lassen, bis er dran ist. Während er durchzieht, 2–3-mal wenden.

2 Reis in einen Messbecher schütten und sich die Markierung am Messbecher genau merken. Reis in einen Topf geben und die doppelte Menge Wasser abmessen und zugießen. Mit Deckel aufkochen, dann so lange bei schwacher Hitze weiterköcheln, bis der Reis die gesamte Flüssigkeit aufgenommen hat und die Oberfläche kleine Dampflöcher zeigt. Topf vom Herd ziehen, abdecken und zur Seite stellen.

3 Tofu aus der Marinade nehmen. Flüssigkeit aufbewahren. Öl in einem Wok sehr heiß werden lassen. Zwiebel, Knoblauch, Chili und Ingwer aus der Marinade in den Wok geben und unter Rühren einige Minuten dünsten. Okras zugeben und einige Minuten unter Rühren weitergaren. Nüsse hineinschütten und so lange braten, bis sie hier und da gebräunt sind. Jetzt ist der Tofu dran. In den Wok geben und unterrühren. Die Marinade mit Wasser auf 200 ml auffüllen, Temperatur reduzieren, Marinadenflüssigkeit in den Wok geben und das Ganze zugedeckt 2 Minuten köcheln. Die Marinade sollte auf jeden Fall heiß sein.

4 Nach Geschmack würzen. Mit Reis servieren und mit frischen Korianderblättern garnieren.

Ein Gericht, das im Sommer und im Winter gut tut. Die Chilis können Sie ganz nach Gusto auswählen. Wer es scharf mag, kann die Kerne drin lassen. Dazu schmeckt einfacher, gekochter Reis.

Karibische Tamarinden-Kichererbsen

6 Portionen

- 1–2 TL Sonnenblumenöl
- 1 Zwiebel, grob gehackt
- 1 Knoblauchzehe, fein gehackt
- 1 Bund frischer Koriander (nach Belieben)
- 1 Stück frische Ingwerwurzel (4 cm), geschält, fein gehackt
- ½ Butternut-Kürbis, geschält, halbiert, entkernt und in 2,5 cm großen Stücken
- 1 scharfe rote Chili (am besten die schottische Bonnet), mit oder ohne Kerne, wie man es mag, fein gehackt
- 800 g Kichererbsen aus der Dose, abgetropft
- 400 g gehackte Tomaten aus der Dose
- 400 ml Kokosmilch aus der Dose
- 3 TL Tamarindenpaste
- 1 Prise Salz
- 1 Prise Zucker (nach Belieben)

1 Öl in einen großen Topf mit Deckel geben und bei schwacher Hitze heiß werden lassen. Zwiebel und Knoblauch darin unter gelegentlichem Rühren in 10–15 Minuten weich dünsten. In der Zwischenzeit die Korianderblätter von den Stängeln zupfen und zum Garnieren beiseitelegen. Stängel zerkleinern.

2 Ingwer, Kürbis, Korianderstängel, Chili, Kichererbsen, Tomaten, Kokosmilch und Tamarindenpaste zur Zwiebel-Knoblauch-Mischung geben. Mit Salz würzen, dabei nicht zu viel verwenden, weil die Kokosmilch leicht gesalzen ist. Den Deckel aufsetzen und das Ganze bei schwacher Hitze 20–30 Minuten unter gelegentlichem Umrühren köcheln. Fertig ist das Gericht, wenn der Kürbis weich ist und die Aromen eine harmonische Verbindung eingegangen sind. Je nach Geschmack noch etwas Salz, Zucker oder Tamarindenpaste zufügen.

3 Nach Belieben mit Korianderblättchen bestreuen und genießen.

Mein Sohn Zaion dachte sich dieses farbenfrohe, gesunde Rezept für die Schulkantine aus. Die Schule befindet sich gleich neben unserem Café „Papine“. Es ist schon fantastisch, wenn man die Kids dazu animieren kann, mehr Grünzeug zu essen. Dieses Essen ist vegetarisch, aber wer mag, kann gekochtes Huhn oder in Streifen geschnittenen Schinken zugeben. Dann haben Sie ein „fleischigeres“ Essen.

Zaions Chow Mein

4 Portionen

- 150 g kleine Brokkoliröschen
- 200 g kleine Blumenkohlröschen
- 2 Möhren, in feinen Stiften
- 250 g Eiernudeln, z. B. Spaghettini
- ½ EL Sonnenblumenöl
- 1 rote Zwiebel, fein gehackt
- 1 Frühlingszwiebel, fein gehackt
- 1 Knoblauchzehe, fein gehackt
- 1 rote Paprika, entkernt, fein gewürfelt
- 1 grüne Paprika, entkernt, fein gewürfelt
- 2 Tomaten, in kleinen Würfeln
- 8 Champignons, geviertelt
- 1 Thymianzweig
- 4–5 EL Sonnenschein-Sauce (siehe Seite 123)
- 350 g Süßmais aus der Dose, abgetropft
- 1–2 EL Sojasauce
- nach Belieben 1 Prise jamaikanisches Mischgewürz (Mischung aus Salz, Koriander, Paprika, Zwiebel, Chili, Sellerie, Knoblauch, Piment) (siehe Seite 201)
- Saft von 1 Limette

1 Brokkoli, Blumenkohl und Möhren weich dämpfen und beiseitestellen. Nudeln nach Packungsanleitung garen und abgießen.

2 In der Zwischenzeit die Sauce zubereiten. Dafür das Öl in einem Wok bei hoher Hitze richtig heiß werden lassen, dann rote Zwiebel, Frühlingszwiebel und Knoblauch unter Rühren weich dünsten. Paprika zugeben und unter Rühren ebenfalls weich garen. Dann Tomaten, Pilze und Thymian in den Wok geben und unter Rühren einige Minuten dünsten. Jetzt die Sonnenschein-Sauce hineinschütten, aufkochen und dann zugedeckt bei schwacher Hitze 1–2 Minuten erhitzen. Den Thymianzweig entfernen.

3 Gedämpftes Gemüse und Süßmais zugeben und offen 1 Minute miterhitzen. Nudeln hineingeben und vorsichtig mit den übrigen Zutaten vermengen. Sojasauce und nach Belieben das Mischgewürz unterrühren. Abschmecken und ggf. etwas mehr Sonnenschein-Sauce zugeben. Mit Limettensaft beträufeln und sofort essen!

Brixton-Pizza

4 Portionen

- 15 g Trockenbackhefe
- 250 ml lauwarmes Wasser
- 400 g Weizenmehl Type 1050
- 1 ½ TL Salz
- Olivenöl für das Backblech, sofern Sie eines verwenden

Für den Belag

- 650 g Butternut-Kürbis, geschält, entkernt, in 2 cm dicken Scheiben
- 2 rote Zwiebeln, in Stücken
- 2 rote Paprika, entkernt, geviertelt
- 250 g Miniauberginen, halbiert
- 2 scharfe rote Chilis (am besten die schottischen Bonnet), entkernt, in feinen Scheiben
- Salz und schwarzer Pfeffer
- 6 EL Olivenöl
- 2 Tomaten, halbiert
- 300 g Tomatensauce für Pizza aus dem Glas
- 150 g junge Spinatblätter
- 250 g Mozzarella, abgetropft und in Scheiben

1 Lösen Sie die Hefe in einer kleinen Schüssel mit 1 ½ EL Wasser auf und rühren Sie 2 EL Mehl darunter, bis eine glatte Paste entsteht. Abdecken und an einem warmen Ort 30 Minuten gehen lassen. Restliches Mehl in eine Schüssel schütten und in die Mitte eine Vertiefung machen. Schäumende Hefe, Salz und das restliche Wasser zugeben und das Ganze vermengen – dabei mit den Händen die trockenen Zutaten von außen in die Mitte schieben. Aus dem Teig eine Kugel formen. Hände und Arbeitsfläche leicht bemehlen und den Teig 10 Minuten kneten, bis ein glatter, elastischer Teig entsteht. Diesen in eine saubere Schüssel legen, mit einem Küchenhandtuch bedecken und an einem warmen Ort 1 ½ Stunden gehen lassen, bis er die doppelte Größe hat.

2 Mindestens 30 Minuten vor dem Backen den Backofen vorheizen und zwar so hoch wie möglich (am besten Ober-/Unterhitze 275 °C und Heißluft 250 °C, doch die meisten Herde geben das nicht her). Pizzasteine oder Backbleche in den Ofen legen bzw. schieben, damit sie heiß werden (darauf kommt dann die Pizza). Pizzasteine müssen nicht eingeölt werden, die Backbleche sollten allerdings kurz vor dem Belegen mit Öl bestrichen werden.

3 In der Zwischenzeit Kürbis, Zwiebeln, Paprika und Auberginen in eine Bratenform geben, mit Chilis bestreuen, würzen und mit der Hälfte des Öls beträufeln. Das Ganze im heißen Backofen in 25–30 Minuten garen und leicht bräunen. 5 Minuten vor Ende der Garzeit die Tomaten zugeben.

4 Den Teig auf leicht bemehlter Arbeitsfläche einige Minuten kneten. In vier Portionen teilen und jede etwa 1 cm dick zu einem Kreis von ca. 23 cm ausrollen. Die Teigkreise auf mit reichlich Mehl bestreute Backbleche legen, so lassen sich die Pizzen nachher leicht auf die Pizzasteine oder heißen Backbleche ziehen.

5 Auf jeder Pizza etwas Tomatensauce verstreichen und mit einigen Spinatblättern belegen. Auf jede Pizza dann 4 Scheiben Kürbis legen und zwar uhrzeigermäßig auf die Positionen 12, 15, 18, 21 Uhr. In die Mitte jeweils eine Tomatenhälfte setzen. Paprika in Scheiben schneiden und diese mit den Zwiebeln und Auberginen in die Lücken setzen. Mit Mozzarella belegen und die Pizzen 10–15 Minuten ruhen lassen. Mit dem restlichen Öl beträufeln, dann auf Pizzasteine oder Backbleche gleiten lassen. Etwa 12 Minuten backen und sofort essen.

Eines der beliebtesten Gerichte in meinem Café. Wer es scharf mag, kann ein bisschen Chili zugeben. Wie auch immer: Vor allem Kinder mögen es – und am liebsten ohne den zusätzlichen Chilikick.

Thunfischkuchen

6 Portionen

- 2 EL Olivenöl
- 1 Zwiebel, grob gehackt
- 1 rote Paprika, entkernt, gewürfelt
- 1 grüne Paprika, entkernt, gewürfelt
- 500 g Penne-Nudeln
- 2 Frühlingszwiebeln, gehackt
- 800 g Tomaten im dicken Saft aus der Dose
- Blätter von 6 Thymianzweigen
- Salz und schwarzer Pfeffer
- 400 g Thunfisch naturell aus der Dose
- 125 g geriebener Cheddar (oder Emmentaler)

1 Den Backofen auf Ober-/Unterhitze 190 °C (Heißluft 170 °C) vorheizen. Öl in einer Pfanne erhitzen und Zwiebel und Paprika darin bei mittlerer Hitze 10–15 Minuten sautieren, bis die Zwiebel blassgold und weich ist, ab und zu umrühren. In der Zwischenzeit Pasta in reichlich kochendem Salzwasser nach Packungsanleitung garen.

2 Frühlingszwiebeln zur Zwiebel-Paprika-Mischung geben und weitere 2 Minuten garen, dann die Tomaten mit Saft in die Pfanne schütten und die Thymianblättchen dazugeben. Würzen und aufkochen. Das Ganze etwa 15 Minuten köcheln, bis eine dicke Sauce entsteht. Thunfisch unterrühren und kurz erhitzen.

3 Pasta abgießen und sofort zur Sauce geben. Reichlich vom Käse zugeben und die Zutaten gut miteinander mischen. Jetzt das Ganze in eine Auflaufform füllen. Mit dem restlichen Käse bestreuen und 20–30 Minuten im Ofen auf mittlerer Schiene überbacken bzw. so lange, bis der Auflauf Blasen wirft und eine goldene Kruste hat.

Peter besitzt einen Stand an der Straße, den „Fish Stop" bei Ocho Rios an der Nordküste Jamaikas. Sein gefüllter Fisch ist über die Grenzen hinaus bekannt. Ich habe dort zu Mittag gegessen und war begeistert. Der Fisch war überaus saftig. Peter hat den traditionell jamaikanischen Trick angewendet, den Fisch mit Kräckern, die den Saft aufnehmen, zu belegen. Eine Komplettmahlzeit sozusagen. Peter bereitete Snapper zu, ich habe Seebrasse genommen. Sie können für das Rezept jeden anderen Rundfisch verwenden, z. B. Wolfsbarsch.

Peters Fischbuden-Seebrasse

4 Portionen

- 4 küchenfertige Seebrassen (jeweils 450 g)
- Salz und schwarzer Pfeffer
- Saft von 1 Limette
- 250 g Rotkohl, klein geschnitten
- 8 Okraschoten, schräg in 1 cm große Scheiben geschnitten
- ½ rote Zwiebel, in feinen Scheiben
- 8 dicke Kräcker

Für die Würze

- 1 Stück frische Ingwerwurzel (2,5 cm), geschält, grob gehackt
- 1 Knoblauchzehe
- Blätter von 4 großen Thymianzweigen
- 4 Frühlingszwiebeln, nur das Grün, grob gehackt
- 1 scharfe rote Chili, entkernt, fein gehackt
- 1 EL Apfelessig
- 1 EL Olivenöl

1 Den Backofen auf Ober-/Unterhitze 200 °C (Heißluft 180 °C) vorheizen. Seebrassen außen und innen waschen und mit Küchenpapier trocken tupfen. Jeden Fisch auf ein großes Stück Alufolie (so groß, dass man den Fisch darin einwickeln kann) legen. Fische innen würzen und den Limettensaft darüberträufeln.

2 Kohl, Okraschoten und rote Zwiebel in vier Portionen teilen und die Fische damit füllen. Keine Sorge, wenn etwas von der Füllung aus der Bauchhöhle auf die Folie fällt. Jeden Fisch jeweils 3-mal schräg einschneiden.

3 Alle Zutaten für die Würze mit 5 EL Wasser in eine Schüssel oder eine kleine Küchenmaschine geben und zu einer halbwegs glatten Paste verarbeiten. Die Oberseite der Brassen damit einstreichen und auch etwas in die Einschnitte geben. Zum Schluss die Kräcker darauflegen.

4 Die Alufolie um die Fische schlagen und zu kleinen Päckchen zusammenfalten. Fische im Backofen auf mittlerer Schiene etwa 30–40 Minuten garen bzw. so lange, bis das Fleisch gar ist (der dickste Teil sollte undurchsichtig sein). In der Folie servieren.

Mein Gott, schmeckt das himmlisch! Betrachten Sie das Rezept als Vorschlag, und nehmen Sie das Gemüse, das Sie besonders gern mögen. Das können Kartoffeln, Zucchini, Tomaten oder Auberginen sein. Die Zubereitung geht schnell von der Hand, in nur 30 Minuten haben Sie das Essen auf dem Tisch. Gekochter Reis passt gut dazu.

Hähnchencurry mit Paprika und Kürbis

4 Portionen

- 1 EL Erdnussöl
- 2 Zwiebeln, in Scheiben
- 1 rote Paprika, entkernt, gewürfelt
- 1 grüne Paprika, entkernt, gewürfelt
- 1 rote Chili, entkernt, fein geschnitten
- 1 Stück frische Ingwerwurzel (2 cm), geschält, fein gehackt
- 4 TL Currypulver
- 1 TL gemahlener Koriander
- 2 TL gemahlene Kurkuma
- 325 ml Kokoscreme aus der Dose
- 1 ½ EL feiner hellbrauner Zucker
- 1 Lorbeerblatt
- 8 Hähnchenschenkel ohne Haut
- 600 g Kürbis, geschält, entkernt, in 3–4 cm großen Stücken
- Salz und schwarzer Pfeffer
- frische Korianderblätter zum Garnieren (nach Belieben)

1 Öl in einem großen Topf erhitzen und Zwiebeln und Paprika darin ca. 10–15 Minuten dünsten, bis die Zwiebeln weich sind und eine blassgoldene Farbe haben. Chili, Ingwer und Gewürze unterrühren und 1 Minute unter Rühren weiterdünsten. Kokoscreme und 160 ml Wasser, Zucker und Lorbeerblatt zugeben. Jeden Hähnchenschenkel halbieren: Dazu ein schweres Messer daraufsetzen und mit einem Nudelholz daraufschlagen. Hähnchen in den Topf legen, bis knapp unter dem Siedepunkt aufkochen, dann bei mittlerer Hitze ohne Deckel 15 Minuten köcheln.

2 Kürbis zugeben. Weitere 12 Minuten köcheln bzw. so lange, bis das Hähnchen gar ist (für die Garprobe in die dickste Stelle mit einem Spieß hineinstechen – sind die austretenden Säfte klar, ist es gar; sind sie noch rosa, weitere 5 Minuten köcheln lassen, dann die Garprobe wiederholen). Auch der Kürbis sollte dann weich sein.

3 Um den Curryeintopf anzudicken, einige Kürbisstücke mit dem Rücken eines Holzlöffels zerdrücken und unterheben. Abschmecken und nach Belieben mit Korianderblättchen bestreut servieren.

Die Basis dieses kubanischen Gerichts ist ein Sofrito – in diesem Fall eine Mischung aus Zwiebel, Knoblauch, Tomate und Paprika – zusammen mit saftigem Hähnchen wird daraus ein köstlicher Schmortopf. Dazu schmeckt Couscous oder Reis und Gemüse oder Salat.

Havanna-Hähnchen

4 Portionen

- 4 EL Sonnenblumenöl
- 1 Zwiebel, fein gehackt
- 3 Knoblauchzehen, fein gehackt
- 4 Tomaten
- ½ rote Paprika, entkernt und in 2 cm großen Stücken
- Salz und schwarzer Pfeffer
- ½ TL gemahlener Cumin
- 1 Oreganozweig
- 125 ml Weißwein oder Wasser
- 4 Hähnchenbrustteile mit Haut, Knochen und Flügeln

1 Die Hälfte des Öls in einem großen Schmortopf mit Deckel bei mittlerer Hitze heiß werden lassen und Zwiebel und Knoblauch zugeben. Beides unter gelegentlichem Rühren in etwa 5 Minuten weich dünsten.

2 In der Zwischenzeit die Tomaten häuten: Dafür die Tomaten unten am Stängelansatz kreuzweise einschneiden und in eine Schüssel legen. Mit kochendem Wasser bedecken und 30 Sekunden darin ziehen lassen. Dann mit einem Schaumlöffel herausnehmen und in eine Schüssel mit kaltem Wasser setzen. Jetzt sollte sich die Haut leicht abziehen lassen. Tomaten häuten und grob hacken.

3 Paprika ebenfalls in den Schmortopf geben und einige Minuten darin sautieren. Ab und zu umrühren. Tomatenstücke zugeben und weiterköcheln, bis das Wasser verdampft und die Sauce leicht eingedickt ist. Gut würzen, dann Cumin und Oreganozweig dazugeben und Wein oder Wasser zugießen. Das Ganze 4–5 Minuten köcheln, um die Flüssigkeit ein wenig zu reduzieren. Noch einmal abschmecken. Oreganozweig entfernen.

4 Während die Sauce köchelt, restliches Öl bei hoher Hitze in einer Pfanne heiß werden lassen. Hähnchen auf beiden Seiten anbraten, dann in den Sofrito legen. Deckel drauf und 20–30 Minuten köcheln bzw. so lange, bis das Fleisch gar ist (für die Garprobe in die dickste Stelle mit einem Spieß hineinstechen – sind die austretenden Säfte klar, ist es gar; sind sie noch rosa, weitere 5 Minuten köcheln lassen, dann die Garprobe wiederholen). Den Schmortopf ab und zu umrühren, damit nichts am Boden ansetzt.

Ein köstliches Essen, das von innen her wärmt. Probieren Sie während der Zubereitung immer wieder, ob die Mischung zwischen süß und sauer die richtige Balance hat. Als Trockenobst eignet sich eine Mischung aus Mango, Ananas, Papaya und Apfel. Dazu schmeckt gekochter Reis und Gemüse, z. B. Spinat oder grüne Bohnen.

Schweinefleisch süß-sauer

6 Portionen

- 2 EL Sonnenblumenöl
- 750 g Schmorfleisch vom Schwein, z. B. aus der Schulter, in 3 cm große Stücke geschnitten
- 2 Zwiebeln, grob gehackt
- 2 Porreestangen, in 2,5 cm dicken Scheiben
- 1 Selleriestange, fein gehackt
- 1 rote Chili, entkernt, fein gehackt
- 1 Stück frische Ingwerwurzel (2,5 cm), geschält, gerieben
- 250 g gemischte tropische Früchte, z. B. Mango, Ananas und Papaya (Trockenobst)
- 1 ½ EL Mehl
- 500 ml Hühnerbrühe
- 1 EL Apfelessig
- 2 EL Sojasauce
- 4 Thymianzweige
- 2 Lorbeerblätter
- Salz und schwarzer Pfeffer
- feiner brauner Zucker (nach Belieben)

1 Öl in einem Schmortopf bei mittlerer Hitze heiß werden lassen. Schweinefleisch hineingeben und unter Rühren von allen Seiten anbraten, bis das Fleisch eine schöne braune Farbe hat. Fleisch aus dem Topf nehmen und beiseitestellen. In demselben Topf Zwiebeln und Porree etwa 12–15 Minuten andünsten, bis die Zwiebeln weich sind und eine blassgelbe Farbe haben. Sellerie, Chili, Ingwer und Trockenobst zugeben und einige Minuten erhitzen, dann das Fleisch und alle ausgetretenen Bratensäfte zugeben. Mehl einrühren und 1 Minute köcheln lassen, das hilft, den Eintopf später einzudicken. Brühe zugießen und aufkochen, einmal gut umrühren und die Temperatur reduzieren. Essig, Sojasauce, Thymian und Lorbeer zugeben und abschmecken.

2 Ohne Deckel bei schwacher Hitze etwa 1 ½ Stunden köcheln lassen. Das Fleisch sollte dann zart sein. Abschmecken, ob die Balance zwischen süß und sauer stimmt. Etwas Essig oder Sojasauce kommt hinzu, wenn das Ganze zu süß ist, ist es nicht süß genug (was bei so vielen Früchten eher unwahrscheinlich ist), etwas mehr vom braunen Zucker unterrühren. Thymianzweige und Lorbeerblätter entfernen.

Nein, bei uns in Jamaika gibt es keine Shepherd's Pie, aber sie eignet sich so gut für eine große Familie, dass ich sie hier aufgemöbelt habe. Chilis suchen Sie darin vergebens, weil er für Kinder einfach zu scharf ist, aber sitzen nur Erwachsene am Tisch (oder mutige Kinder), können Sie eine schottische Bonnet mit hineintun. Meiner schottischen Wurzeln wegen habe ich das Ganze noch mit Haferflocken angereichert. Herausgekommen ist eine gesunde und günstige Mahlzeit.

Karibisch gewürzte Shepherd's Pie

6 Portionen

- 2 EL Olivenöl
- 750 g Lammhackfleisch
- 2 Zwiebeln, grob gehackt
- 2 Möhren, gewürfelt
- 3 Knoblauchzehen, fein gehackt
- je 1 TL gemahlener Cumin, gemahlener Piment, gemahlener Zimt
- 300 ml Hühner- oder Lammbrühe (oder Wasser)
- fein geriebene Schale und Saft von 1 Orange
- 6 EL Tomatenmark
- 3 TL feiner dunkelbrauner Zucker
- 20 g kernige Haferflocken
- Salz und schwarzer Pfeffer
- 1 EL gehackte frische Koriander- oder Petersilienblätter zum Servieren (nach Belieben)

Für den Süßkartoffelbelag

- 1 kg Süßkartoffeln
- 2 EL Butter

1 Öl in einem großen, weiten Schmortopf auf höchster Stufe erhitzen und das Lammfleisch darin braun anbraten. Womöglich muss das portionsweise geschehen, denn wenn man zu viel Fleisch auf einmal hineingibt, kann es passieren, dass es nicht richtig braun wird. Das Fleisch herausnehmen und in eine Schüssel geben.

2 Im selben Topf Zwiebeln und Möhren so lange dünsten, bis die Zwiebeln weich sind und eine blassgelbe Farbe haben. Knoblauch und Gewürze zugeben und 1 weitere Minute dünsten. Lammhack wieder in den Topf geben, Brühe oder Wasser zugießen, Orangenschale und Saft, Tomatenmark, Zucker und Haferflocken hinzufügen. Würzen und aufkochen, dann bei mittlerer Hitze ohne Deckel ca. 45–60 Minuten köcheln. Zwischendurch immer mal wieder umrühren. Danach sollte das Ganze eine dickliche Mischung sein. Wirkt sie zu trocken, weitere Brühe oder Wasser unterrühren.

3 In der Zwischenzeit den Süßkartoffelbelag zubereiten. Den Backofen auf Ober-/Unterhitze 190 °C (Heißluft 170 °C) vorheizen. Die Süßkartoffeln ungeschält auf ein leicht gefettetes Backblech legen und etwa 40 Minuten (oder mehr, falls die Süßkartoffeln sehr groß sind) im Ofen backen. Dann sollten sie gar sein. Süßkartoffeln in der Mitte einschneiden und das Fleisch mit einem Löffel herausholen. In eine Schüssel geben, mit der Hälfte der Butter und etwas Salz und Pfeffer vermengen.

4 Das Lammfleisch in einer Auflaufform verteilen, Süßkartoffelbelag darüberstreichen. Den Belag mit einer Gabel etwas auflockern, das sieht hübsch aus. Restliche Butter in Stückchen daraufsetzen. Auf mittlerer Einschubleiste auf den Backofenrost stellen und 20 Minuten backen, bis eine goldgelbe Kruste entsteht. Nach Belieben vor dem Essen mit Koriander oder Petersilie bestreuen.

Mein Sohn Zaion führt unser Café „Papine" in Battersea, London. Daneben befindet sich eine kleine Privatschule, das Thames Christian College. Der Schulleiter wollte, dass die Kids mittags frisches Essen bekommen – und da waren wir zur Stelle. Zaion arbeitet mit der Schule zusammen und kreiert Gerichte, die Alt und Jung gleichermaßen begeistern. Hier finden Sie meine Version seiner Schul-Spaghetti Bolognese, statt für 40 Leute aber nur für vier oder fünf! Was das Schulessen anbetrifft, das ist überhaupt nicht mehr mit dem vergleichbar, was ich mir damals reinziehen musste ...

Zaions aufgepeppte Spaghetti Bolognese

4–5 Portionen

- 1 EL Pflanzenöl
- 1 Zwiebel, fein gehackt
- 1 Frühlingszwiebel, nur das Grün, fein gehackt
- 1 Knoblauchzehe, fein gehackt
- 1 rote Paprika, entkernt, gewürfelt
- 1 gelbe Paprika, entkernt, fein gewürfelt
- 400 g Rinderhack
- 8 Champignons, fein gewürfelt
- Blättchen von 1 Thymianzweig
- 400 g Tomaten aus der Dose
- 2 EL Tomatenmark
- 2 EL Tomatenketchup
- 100 ml Sonnenschein-Sauce (siehe Seite 123)
- Salz und schwarzer Pfeffer
- 400–500 g Spaghetti
- geriebener Parmesan zum Servieren

1 Die Hälfte des Öls in einem großen Topf erhitzen und Zwiebel, Frühlingszwiebelgrün und Knoblauch darin in etwa 10 Minuten weich dünsten. Ab und zu umrühren, damit nichts ansetzt. Paprika zugeben und unter gelegentlichem Rühren so lange dünsten, bis sie weich ist. Das Gemüse in eine Schüssel schütten und beiseitestellen.

2 Restliches Öl im Topf erhitzen. Rinderhack bei mittlerer Hitze darin krümelig braten, ab und zu umrühren. (Soll das Ganze schneller gehen, können Sie das Hack auch direkt zum Gemüse geben und zusammen garen.) Das Gemüse zum Fleisch geben und Pilze, Thymian, Tomaten, Tomatenmark, Tomatenketchup und Sonnenschein-Sauce unterrühren.

3 Zugedeckt bei schwacher Hitze 30 Minuten köcheln. Nach Geschmack würzen.

4 Spaghetti in reichlich Salzwasser nach Packungsanleitung garen, anschließend abgießen. Pasta auf 4–5 Teller verteilen, die Fleischsauce darübergeben und großzügig mit Parmesan bestreuen.

Besondere Gelegenheiten

Soufflés sind gar nicht so schwer hinzukriegen, wie Sie vielleicht denken. Probieren Sie doch einfach mal! Sie können halb Cheddar und halb Parmesan verwenden, wenn Sie unterschiedliche Aromen bevorzugen. Dazu schmecken Salzkartoffeln oder ein grüner Salat.

Süßkartoffelsoufflé mit Parmesan

4 Portionen

50 g Butter, zusätzlich etwas für die Form

400 g Süßkartoffeln, geschält, in 2 cm großen Stücken

50 g Mehl

ggf. etwas heißes Wasser oder Milch

Salz und schwarzer Pfeffer

6 große Eier, getrennt

175 g geriebener Parmesan

1 Den Backofen auf Ober-/Unterhitze 200 °C (Heißluft 180 °C) vorheizen. Ein Backblech in den Ofen schieben. Eine Souffléform mit Butter einfetten.

2 Süßkartoffeln mit Wasser in einen Topf geben und aufkochen. Bei schwacher Hitze zugedeckt etwa 5 Minuten köcheln, dann sollten die Stücke weich sein. In eine Schüssel abgießen, das Kochwasser wieder in den Topf gießen und weiterköcheln lassen. Süßkartoffeln zu einem groben Püree zerkleinern.

3 Butter in einem Topf zerlassen und das Mehl einrühren. Unter ständigem Rühren einige Minuten erhitzen. 350 ml vom Kochwasser abmessen (ggf. etwas heiße Milch zugeben, falls die Flüssigkeit nicht reicht) und nach und nach mit dem Schneebesen einrühren. Bei schwacher Hitze weiterrühren, bis die Mischung eindickt. Die Süßkartoffeln untermengen und gut würzen, dann Eigelb und Käse unterrühren. Die Masse in eine große Schüssel geben und restliches Kochwasser weggießen.

4 In einer zweiten, sauberen Schüssel Eiweiß so lange aufschlagen, bis Spitzen am Rührbesen hängenbleiben. Nach und nach die Eiweißmasse vorsichtig unter die Süßkartoffeln heben, dabei so viel Luft wie möglich einarbeiten. Das Ganze in die Souffléform geben, die Form auf das heiße Backblech (mittlere Schiene) stellen und 45 Minuten backen.

Dieses Rezept stammt vom talentierten karibischen Chefkoch Christian Ghisays, der im Royal Plantation Hotel in Ocho Rios, Jamaika, arbeitet. Christian sagt, man könne ganz nach Geschmack mehr oder weniger Chili verwenden. Jamaikaner sind die Schärfe gewöhnt, aber nicht jeder kommt damit zurecht.

Seebrassenescabeche mit Riesengarnelen

4 Portionen

- 80 ml Limettensaft
- 50 ml Apfelessig
- ½ scharfe rote Chili (am besten die rote oder gelbe schottische Bonnet), entkernt, fein geschnitten
- 1 kleine Prise gemahlener Piment
- 1 Prise feiner Zucker
- 2 Möhren, in langen Stiften
- 12 Okraschoten, schräg in 1 cm große Scheiben geschnitten
- 1 kleine rote Zwiebel, in dünnen Scheiben
- 1 Limette, in dünnen Scheiben (etwa ¼ davon zur Seite legen)
- 4 Seebrassenfilets (jeweils 450 g)
- Salz und schwarzer Pfeffer
- 1 TL Sonnenblumenöl
- 1 EL Butter
- 16 gekochte, geschälte Riesengarnelen
- 2 kleine Zucchini (1 grüne, 1 gelbe), in langen Stiften

1 Zuerst 150 ml Wasser aufkochen und Limettensaft, Essig, Chili, Piment und Zucker einrühren. Möhren, Okraschoten und rote Zwiebel zugeben und etwa 3 Minuten darin blanchieren. Temperatur reduzieren und Limettenscheiben zugeben.

2 Seebrassen innen und außen würzen. Öl und die Hälfte der Butter bei hoher Hitze in einer Pfanne heiß werden lassen. Fischfilets mit der Hautseite nach unten hineinlegen und 2 Minuten braten. Wenden und Garnelen darauflegen. Weiterbraten, bis die Filets gar sind, die Garnelen einmal wenden, damit sie richtig heiß werden.

3 In der Zwischenzeit Wasser in einem kleinen Topf aufkochen und Zucchini darin 2 Minuten blanchieren. Abgießen. Die Limetten-Escabeche-Sauce noch einmal erhitzen. Wer mag, kann die restliche Butter einrühren. Die Sauce glänzt dann schön.

4 Zucchini auf vorgewärmten Serviertellern verteilen, Fischfilets darauflegen. Garnelen und Gemüse darauf- und danebenlegen. Limettenscheiben, Möhren und Zwiebeln als Farbtupfer dazusetzen. Und jetzt genießen!

Mein Weihnachtsfisch

8 Portionen

1 ganzer, küchenfertiger Lachs (ca. 2,5 kg)

1 ½ EL Olivenöl

Für die Füllung

50 g Rosinen

50 g getrocknete Mango

1 ½ EL Olivenöl

50 g Butter

1 Zwiebel, fein gehackt

1 Stück Ingwerwurzel (2,5 cm), geschält, fein gehackt

1 rote Chili, entkernt, in dünnen Scheiben

6 Frühlingszwiebeln, gehackt

3 Knoblauchzehen, fein gehackt

Blätter von 3 Thymianzweigen

1 Stück in Sirup eingelegter Ingwer, fein gehackt

½ TL gemahlener Zimt

25 g gehackte Mandeln

500 g Spinat, gewaschen, ohne dicke Stiele

75 g frische Semmelbrösel

Salz und schwarzer Pfeffer

fein geriebene Schale von 1 Limette, Saft von ½ Limette

Limettenstücke zum Servieren (nach Belieben)

1 Zuerst die Füllung zubereiten. Rosinen und Mango in eine kleine Schüssel geben und mit gerade kochendem Wasser begießen. Etwa 30 Minuten einweichen, dann abgießen. Den Backofen auf Ober-/Unterhitze 180 °C (Heißluft 160 °C) vorheizen.

2 Öl und die Hälfte der Butter in einer großen Pfanne erhitzen und die Zwiebel darin bei mittlerer Hitze blassgelb sautieren. Frischen Ingwer, Chili, Frühlingszwiebeln und Knoblauch zugeben und das Ganze weitere 2 Minuten dünsten. Thymian, eingelegten Ingwer und Zimt unterrühren und einige Minuten mitgaren. Die Masse in eine Schüssel umfüllen und eingeweichte Rosinen und Mango zugeben.

3 Spinat unabgetropft in einen großen Topf geben, abdecken und bei niedriger Temperatur erwärmen. Etwa 4 Minuten sanft köcheln, bis die Blätter zusammengefallen sind, zwischendurch einmal umrühren. Etwas abkühlen lassen, dann das überschüssige Wasser mit den Händen herausdrücken und den Spinat grob zerschneiden. Spinat zur Füllung geben und mit den Semmelbröseln untermengen. Richtig gut würzen und Limettenschale und Saft untermischen. Schließlich noch die restliche Butter unterarbeiten. Am besten geht das mit den Händen.

4 Lachs auf ein Backblech oder in eine große Bratform auf Alufolie legen (vielleicht müssen Sie ihn dazu zwingen und etwas nachhelfen!). Innen und außen mit Öl bestreichen und würzen. Die gesamte Füllung in die Bauchhöhle stopfen, dann noch einmal würzen. Die Folie von allen Seiten über dem Lachs zusammenschlagen, sodass er wie in einem Zelt liegt. Die Folie darf nicht zu eng an seinem Körper liegen! Schließlich die Folie an den Rändern und oben etwas zusammendrücken. In den Ofen damit (das geht vielleicht nur mit Druck. Machen Sie sich keine Sorgen, wenn der Fisch über Form oder Blech herausragt, er sollte nur nicht die Seitenwände des Ofens berühren). Den Lachs 45 Minuten garen, dann die Folie öffnen, damit er Farbe bekommt. Weitere 30 Minuten garen. Jetzt die Garprobe: Das Auge sollte völlig weiß sein und das Fleisch am Knochen im dicksten Teil nicht glasklar aussehen. Ist er noch nicht gar, wieder in den Ofen damit und weitere 4–5 Minuten garen, dann noch einmal prüfen. Wer mag, serviert dazu Limettenstückchen.

4 Portionen

1 ganzes Hähnchen (ca. 1,2 kg)

300 g Kürbis, z. B. Butternut, geschält, entkernt, in 4 cm großen Stücken

200 g Kartoffeln, in 3 cm großen Stücken

½ Hühnerbrühenwürfel (nach Belieben)

Salz und schwarzer Pfeffer

Limettenstücke zum Servieren (nach Belieben)

Für die Füllung

½ rote Zwiebel, grob gehackt

1 Frühlingszwiebel, grob gehackt

1 Stück frische Ingwerwurzel (3 cm), geschält, fein gehackt

2 EL fein gehackte frische Korianderblätter

½ scharfe rote Chili (am besten die schottische Bonnet), entkernt, fein gehackt

Blättchen von 1 großen Rosmarinzweig

1 Lorbeerblatt

2 Knoblauchzehen, grob gehackt

2 gute Prisen schwarzer Pfeffer

1 gute Prise Salz

Meine Mutter kochte die beste Hühnersuppe auf der Welt. Hier finden Sie meine „umgekrempelte“ Version ..., wenn es dir recht ist, Mum! Sie ist mehr Eintopf als Suppe und macht so richtig schön satt.

„Umgekrempeltes“ Hühnchen

1 Alle Zutaten für die Füllung erst in einer Schüssel mischen und dann in die Bauchhöhle des Hähnchens befördern. Den Vogel in einen großen Schmortopf legen, Kürbis und Kartoffeln mit hineinlegen. Etwa 850 ml Wasser zugießen, das Hähnchen sollte ganz bedeckt sein. Möchten Sie mehr Aroma, krümeln Sie jetzt den halben Brühwürfel mit hinein, ein Muss ist es aber nicht.

2 Den Deckel auf den Topf setzen und das Ganze bei höchster Temperatur aufkochen, dann auf mittlere Stufe reduzieren und alles etwa 1 Stunde köcheln bzw. so lange, bis der Vogel gar ist (stecken Sie einen Spieß in die dickste Stelle, sind die austretenden Säfte klar, ist das Fleisch fertig, wenn nicht, weitere 5 Minuten köcheln und dann die Garprobe wiederholen). Das Fleisch sollte sich leicht von den Knochen lösen.

3 Vorsichtig das Hähnchen aus dem Topf nehmen. Flüssigkeit über dem Topf abtropfen lassen und herausfallende Füllung ebenfalls in den Topf fallen lassen. Mit Messer und Gabel das Hähnchen in 4 oder 8 Teile schneiden. Die Flüssigkeit im Topf abschmecken und ggf. würzen.

4 Hähnchen in große Schalen legen und vom Gemüse etwas daraufgeben. Brühe darübergießen. Dazu können Sie Limettenstücke servieren.

4 Portionen

1,4 kg Lammkeule ohne Knochen

Für die Marinade

1 Stück frische Ingwerwurzel (2 cm), geschält, gerieben

½ EL schwarze Pfefferkörner

1 scharfe rote Chili (am besten die schottische Bonnet), entkernt, fein gehackt

1 gute Handvoll Minzeblätter

Blätter von 4 Thymianzweigen

½ TL gemahlener Piment

2 Knoblauchzehen, grob gehackt

1 TL Koriandersamen

reichlich geriebene Muskatnuss

1 EL flüssiger Honig

2 EL Olivenöl

Für das Gemüse

500 g kleine festkochende Kartoffeln

2 Süßkartoffeln, in ca. 4 cm großen Stücken

3 große Möhren, in ca. 4 cm großen Stücken

2 große Zwiebeln, in Stücke geschnitten

4 Thymianzweige

2 EL Olivenöl

Salz und schwarzer Pfeffer

Eines meiner Lieblingsrezepte. Wenn Sie Ihren Fleischer bitten, die Lammkeule aufzuschneiden (er wird den Knochen herauslösen und Ihnen ein großes, flaches Stück Fleisch geben, das leicht zu zerlegen ist), geht die Zubereitung im Nu. Nehmen Sie weniger Chili (oder lassen ihn weg), wenn Sie für Gäste mit zartem Gaumen kochen. Es gibt kaum einen besseren Sonntagsbraten!

Mein scharfes Lamm mit Röstgemüse

1 Lammfleisch flach in einer Bratenform ausbreiten. Das Fleisch mehrmals mit einem scharfen Messer einstechen. Alle Zutaten für die Marinade – außer Honig und Öl – in einen Mörser geben und mit dem Stößel zu einer Paste zerkleinern. Honig und Öl unterrühren. Das Lammfleisch mit der Marinade bestreichen, und etwas davon in die Einschnitte streichen. Zugedeckt im Kühlschrank 1–24 Stunden marinieren. Dabei das Fleisch mehrmals wenden. Kurz vor der Zubereitung den Backofen auf Ober-/Unterhitze 220 °C (Heißluft 200 °C) vorheizen.

2 Gemüse in eine Bratenform legen, mit Thymian belegen und das Öl darüberträufeln. Dann würzen. Einen Rost daraufsetzen und das Lamm mit der Fettseite nach oben darauflegen. 15 Minuten auf mittlerer Einschubleiste im Ofen garen, dann die Temperatur auf 190 °C/ 170 °C reduzieren und das Ganze weitere 20–25 Minuten garen. (Bei 20 Minuten ist das Fleisch noch rosa). Während des Garens das Gemüse hin und wieder leicht schütteln, damit es von allen Seiten mit dem Bratensaft des Lammfleisches überzogen wird. Das Fleisch so oft wie möglich mit den Bratensäften bestreichen.

3 Das Lamm aus dem Ofen nehmen, mit Folie abdecken und in ein Küchenhandtuch einschlagen. 15 Minuten ruhen lassen. Anschließend Fleisch aufschneiden und mit dem Röstgemüse servieren.

4 Portionen

4 x 200 g Lammkarree

2 TL Dijon-Senf

4 TL fein gehackte Rosmarinnadeln

1 EL Olivenöl

Für die Sauce

1 EL Olivenöl

1 rote Zwiebel, fein gehackt

1 Knoblauchzehe, fein gehackt

18 frische oder eingelegte Kirschen, entsteint, geviertelt

400 ml Lamm- oder Rinderbrühe

2 EL Rum

1 TL Sojasauce

Salz und schwarzer Pfeffer

fein gehackte Minzeblätter von einigen Zweigen

Zum Servieren

gedämpfte grüne Bohnen

16 frische oder eingelegte Kirschen, entsteint

frische Korianderblätter

4 kleine Rosmarinzweige

Ich bekam das Rezept von Christian Ghisays, dem Chefkoch des Royal Plantation Hotel in Ocho Rios an der schönen Nordküste Jamaikas. Christian liebt alles, was von der Insel kommt, und hier kocht er Kirschen (er verwendet Wildkirschen) mit Lamm. Dazu passen grüne Bohnen.

Lamm mit Kirschen und Rumsauce

1 Den Backofen auf Ober-/Unterhitze 220 °C (Heißluft 200 °C) vorheizen. Für die Sauce Öl in einem Topf erhitzen, Zwiebel und Knoblauch zugeben. Bei mittlerer Hitze unter Rühren in 3–4 Minuten weich sautieren. Die Hälfte der Kirschen und die Brühe zugeben und die Sauce 5 Minuten köcheln lassen. Rum zugießen und die Flüssigkeit auf die Hälfte reduzieren. Restliche Kirschen und Sojasauce zugeben, würzen und Minze unterrühren. Beiseitestellen.

2 Das Fleisch mit Senf bestreichen und mit Salz und Pfeffer bestreuen. Rosmarinnadeln fest daraufklopfen. Öl in einer ofenfesten Bratpfanne erhitzen und das Fleisch darin von jeder Seite 3 Minuten anbraten, dann für 6–7 Minuten auf mittlerer Einschubleiste in den Ofen geben. Dann sollte es gar, aber innen noch rosa sein. Ist das Fleisch fertig, aus dem Ofen nehmen, mit Folie abdecken und einige Minuten ruhen lassen. In der Zwischenzeit die Sauce erhitzen.

3 Die grünen Bohnen auf 4 Teller verteilen, das Lamm in Koteletts schneiden und diese auf die Bohnen legen. Die Sauce rundherum träufeln und das Ganze mit Kirschen, frischem Koriander und Rosmarinzweigen garnieren.

Wenn Sie diesen Sonntagsbraten servieren, wird Ihre Familie ausflippen. Es gibt kaum einen leckereren Schweinebraten, und das Fleisch schmeckt sogar noch kalt als Sandwichfüllung.

Kubanischer Schweinebraten

6–8 Portionen

1 EL Cuminsamen

½ EL schwarze Pfefferkörner

6 Knoblauchzehen

1 EL gerebelter Oregano

1 Prise Salz

Saft von 1 Orange

Saft von 2 Limetten

2 EL Olivenöl

1 Gläschen Sherry

1,8 kg Schweineschulter

sautierte Süßkartoffeln mit Thymian (siehe Seite 116)

1 Einen kleinen, schweren Topf bei mittlerer Hitze heiß werden lassen. Cumin und Pfefferkörner hineinschütten und 1 Minuten rühren, bis sie Farbe annehmen. Abkühlen lassen. Mit Mörser und Stößel die gerösteten Gewürze mit Knoblauch, Oregano und Salz zu einer Paste verarbeiten. (Das können Sie auch in einer kleinen Küchenmaschine tun.)

2 Die Gewürzmischung in eine kleine Schüssel füllen, dann Orangen- und Limettensaft, Öl und Sherry einrühren. Schweineschulter rundherum mit einem Messer einstechen und in einen großen Gefrierbeutel legen. Die Marinade zugießen und den Beutel fest verschließen. Im Kühlschrank 12–24 Stunden marinieren, den Beutel hin und wieder drehen.

3 Kurz vor der Zubereitung den Backofen auf Ober-/Unterhitze 200 °C (Heißluft 180 °C) vorheizen. Schweineschulter in eine Bratenform legen (Marinade aufbewahren) und etwa 30 Minuten auf mittlerer Einschubleiste im Backofen garen. Dann die Backofentemperatur auf 160 °C (140 °C) reduzieren und das Fleisch weitere 2 Stunden garen. Dabei regelmäßig mit der Marinade bestreichen.

4 Das Fleisch herausnehmen und auf ein Schneidbrett legen. Leicht mit Folie abdecken und 15 Minuten ruhen lassen. Die Bratensäfte in einen Topf gießen und das Fett abschöpfen. Aufkochen und 5 Minuten köcheln. Fleisch aufschneiden und mit dem reduzierten Bratensaft und den sautierten Süßkartoffeln servieren.

Ein Essen, das von innen wärmt und eine Zutat enthält, die man in der Karibik liebt: Stout, ein dunkles Starkbier. Wer mit dem Klößemachen nicht vertraut ist, sollte es jetzt versuchen: Sie sind köstlich und leicht herzustellen. Kartoffeln oder Reis benötigen Sie für das Gericht nicht, nur grünes Gemüse. Wenn Sie die Klöße nicht frittieren wollen, legen Sie diese die letzten 10–15 Minuten mit in den Schmortopf.

Rindfleisch mit Möhren und Levis Klößen

4–6 Portionen

3 EL Erdnuss- oder Sonnenblumenöl, zusätzlich etwas zum Frittieren (nach Belieben)

1 kg Schmorfleisch vom Rind, in 4 cm große Stücke geschnitten

700 g gemischtes Gemüse (Zwiebeln, Sellerie, Möhren), in großen Stücken

330 ml Starkbier

Salz und schwarzer Pfeffer

Für die Klöße

225 g Mehl, zusätzlich etwas zum Bestäuben

1 TL Salz

2 TL Backpulver

4 EL Demerara-Zucker

1 Den Backofen auf Ober-/Unterhitze 160 °C (Heißluft 140 °C) vorheizen. 2 EL vom Öl in einem ofenfesten Schmortopf bei hoher Hitze heiß werden lassen und das Fleisch portionsweise darin anbraten. Das Fleisch und den Bratensaft herausnehmen und beiseitestellen. Restliches Öl in den Topf geben und das Gemüse darin bei mittlerer Hitze etwa 10 Minuten dünsten (es sollte nicht anbrennen). Bier zugießen und gut umrühren, um den Bodensatz zu lösen. 500 ml Wasser zugießen, das Fleisch wieder in den Topf legen und kräftig würzen. Aufkochen und dann sofort die Temperatur reduzieren.

2 Zugedeckt auf mittlerer Einschubleiste im Ofen 2 Stunden und 15 Minuten garen. Während des Garens regelmäßig prüfen, ob genug Flüssigkeit vorhanden ist, ggf. Wasser zugießen. Ist zu viel Flüssigkeit im Topf, garen Sie das Ganze die letzten 30 Minuten ohne Deckel.

3 In der Zwischenzeit geht es an die Klöße. Mehl, Salz und Backpulver in eine Schüssel sieben. Zucker dazugeben. Nach und nach 150 ml Wasser unterarbeiten, bis ein guter Teig entsteht: Er sollte weich, aber nicht klebrig sein. Teig auf die bemehlte Arbeitsfläche legen und etwa 10 Minuten kneten. Teile davon abnehmen und jeweils in ca. 15 cm lange Würste rollen. Jetzt wird jede Wurst mit einem leichten Knoten gewunden. Klöße auf ein bemehltes Backblech legen.

4 Zum Frittieren der Klöße reichlich Öl in einen großen Topf geben, er sollte zur Hälfte gefüllt sein. Bei mittlerer Hitze das Öl heiß werden lassen, bis das Küchenthermometer 190 °C anzeigt. Sie können auch einige Teigtröpfchen ins heiße Fett geben, sind diese in 45 Sekunden blassgelb, ist das Öl heiß genug. Alle Klöße ca. 5 Minuten frittieren, jeweils 3 zusammen. Auf Küchenpapier abtropfen lassen und mit dem heißen Eintopf servieren.

Beilagen

Eine klassische Beilage mit karibischem Flair: Nehmen Sie Süßkartoffeln statt der normalen Kartoffeln (wir Jamaikaner nennen diese „Irische Kartoffeln") und geben Sie Thymian hinzu.

Sautierte Süßkartoffeln mit Thymian

4 Portionen

- 4 Süßkartoffeln, geschält, in 3 cm großen Stücken
- Salz und schwarzer Pfeffer
- 1 guter EL Butter
- 2 EL Olivenöl
- 2 Knoblauchzehen
- 6 Thymianzweige

1 Süßkartoffeln in einem großen Topf mit Salzwasser aufkochen. Bei mittlerer Hitze 5 Minuten kochen, dann abgießen.

2 Butter und Öl bei schwacher Hitze in einer großen Pfanne heiß werden lassen, bis die Butter zerlassen ist. Süßkartoffeln, ganzen Knoblauch in Schale und Thymian zugeben und bei mittlerer Hitze 10–15 Minuten dünsten. Jeweils nach ca. 5 Minuten die Kartoffeln gut umrühren. Zum Schluss sollten sie weich sein und eine feine Kruste haben.

3 Nach Geschmack würzen und sofort servieren.

Der Sommersalat ist umso vieles besser als das, was man Ihnen an den Salatbars so vorsetzt. Wer es mag, kann das Dressing mit Limette bereichern.

Levis Kräuter-Kartoffelsalat

4 Portionen

500 g festkochende, neue Kartoffeln, halbiert oder geviertelt

2 EL warme Hühnerbrühe

Salz und schwarzer Pfeffer

4 gute EL Mayonnaise

2 EL griechischer Joghurt

3 EL fein gehackte Petersilie oder frischer Koriander

1 Kartoffeln in einen Topf legen und mit Wasser bedecken. Aufkochen und 15 Minuten kochen, bis sie weich sind. Abgießen, wieder in den Topf geben und sofort die Hühnerbrühe zugeben. Würzen und umrühren. Kartoffeln abkühlen und die Brühe absorbieren lassen.

2 Sind die Kartoffeln auf Zimmertemperatur abgekühlt, Mayonnaise, Joghurt und Kräuter zugeben und die Zutaten gut mischen. Nach Geschmack würzen.

Dunkelrot und mit Ingweraroma durchzogen: Das ist meine Spezialversion von Rotkohl. Er ist ein köstlicher Begleiter zum Weihnachtsessen, schmeckt aber auch sonst zu allen Herbst- und Wintergerichten.

Levis pappiger Rotkohl

6 Portionen

- 60 g getrocknete Mango
- 1 EL Butter
- 1 rote Zwiebel, in feinen Scheiben
- 1 Rotkohl (ca. 1 kg), geviertelt, und ohne Strunk klein geschnitten
- 100 ml Apfelessig
- 5 EL heller Muscovado-Zucker
- 3 Stücke in Sirup eingelegter Ingwer, fein gehackt, + 2 EL Ingwersirup
- 3 Thymianzweige
- 2 Lorbeerblätter
- Salz und schwarzer Pfeffer
- Saft von 1 Limette (nach Belieben) zum Servieren

1 Mango in eine kleine Schüssel legen, mit gerade kochendem Wasser bedecken und 20 Minuten einweichen. Abgießen und Mango in Streifen schneiden. In der Zwischenzeit Butter in einem Schmortopf zerlassen. Zwiebel hineingeben und unter Rühren bei mittlerer Hitze weich dünsten. Kohl zugeben und unterrühren. Restliche Zutaten bis auf den Limettensaft hineintun und nach Geschmack würzen. Gut umrühren, den Deckel auf den Topf setzen und den Kohl bei schwacher Hitze 45 Minuten garen. Regelmäßig umrühren.

2 Deckel abnehmen und weiterköcheln, bis die Flüssigkeit vollständig aufgenommen und der Kohl weich ist.

3 Noch einmal abschmecken. Ist der Kohl zu süß, etwas Apfelessig zugeben, ist er zu sauer, etwas Zucker unterrühren. Wer mag, kann dem Ganzen durch darübergeträufelten Limettensaft einen zusätzlichen Kick geben.

Ich mag die langen, kegelförmigen, süßen Piquillo-Paprika, die heutzutage fast überall zu kaufen sind. Wenn Sie partout keine finden, nehmen Sie gewöhnliche rote Paprikaschoten. In diesem Rezept habe ich die Schoten mit karibischen Gewürzen aufgepeppt und mit schmelzendem Mozzarella belegt.

Gefüllte Piquillo-Paprikaschoten

4 Portionen als Beilage oder Vorspeise, 2 als Hauptgericht

- 4 Piquillo-Paprikaschoten
- 90 g Couscous
- 3 EL fein gehackte, frische Korianderblätter
- 2 Frühlingszwiebeln, nur das Grün, fein gehackt
- Saft von 1 Limette
- Salz und schwarzer Pfeffer
- 150 g Mozzarella, in kleinen Würfeln

1 Den Backofen auf Ober-/Unterhitze 180 °C (Heißluft 160 °C) vorheizen. Von den Paprikaschoten einen Deckel abschneiden, die weißen Trennhäute und die Kerne entfernen und Paprika unter fließend kaltem Wasser waschen. Auf ein Backblech setzen und auf mittlerer Einschubleiste im Backofen in 30 Minuten weich backen. Etwas abkühlen lassen, dann halbieren und die Haut abziehen. Die Hälften sollten unversehrt bleiben, damit sie gefüllt werden können.

2 In der Zwischenzeit Couscous in 200 ml gerade kochendem Wasser 10 Minuten einweichen. Koriander, Frühlingszwiebel und Limettensaft unterrühren. Mit Pfeffer und wenig Salz würzen.

3 Die Paprikahälften mit der Couscousmasse füllen, dann wieder aufs Backblech legen und mit Mozzarella belegen. Mit Pfeffer bestreuen und weitere 15 Minuten im Backofen garen. Dann sollte der Couscous gar und der Mozzarella zerlaufen sein.

Diese köstliche Sauce passt gut zu den Kokosgarnelen (siehe Seite 60), schmeckt aber auch lecker zu einem hübschen Stück Lachs oder gebratenem Hähnchen.

Mangosauce

6–8 Portionen als Dip

- 1 reife Mango, geschält, entsteint und grob gehackt (siehe Seite 25)
- 2 EL frische Korianderblätter
- 2 Frühlingszwiebeln, nur das Grün
- 4 EL griechischer Joghurt
- Salz und schwarzer Pfeffer

1 Alle Zutaten mit einem Mixer oder in der Küchenmaschine zu einer glatten Masse verarbeiten.

2 Nach Geschmack würzen. Die Sauce in eine kleine Schüssel füllen, mit Frischhaltefolie abdecken und bis zum Verzehr in den Kühlschrank stellen. Innerhalb weniger Tage aufessen.

Meine Sonnenschein-Sauce mit karibischen Aromen ist scharf (Chili, schwarzer Pfeffer und Ingwer) und duftend (Muskatnuss und Thymian). Da ist alles aus meinem „Sunshine-Kit“ drin. Sie können die Sauce im Kühlschrank aufbewahren und zu Zaions Chow Mein (siehe Seite 85) oder Zaions Spaghetti Bolognese (siehe Seite 96) reichen.

Sonnenschein-Sauce

Ergibt etwa 450 ml

400 g Tomaten aus der Dose

1 EL Tomatenmark

1 Knoblauchzehe, grob gehackt

2 Frühlingszwiebeln, nur das Grün, grob gehackt

1 scharfe rote Chili (am besten die schottische Bonnet), mit oder ohne Kerne, grob gehackt

Blätter von 2 Thymianzweigen

50 g frische Korianderblätter und -stiele

1 TL schwarzer Pfeffer

ca. 1 TL geriebene Muskatnuss

1 TL gemahlener Ingwer

¾ TL gemahlener Piment

¾ TL gemahlener Zimt

5 EL dunkler Muscovado-Zucker

2 EL Apfelessig

1 ½ TL Salz oder nach Geschmack

1 Alle Zutaten in eine Küchenmaschine oder einen Mixer geben und zu einer schönen glatten Paste verarbeiten. Abschmecken und je Geschmack die Aromen zutun, die Sie mögen. Etwas Essig, Zucker oder Salz zugeben, um Säure, Süße oder Salzigkeit zu erhöhen.

2 Die Sauce in einen Topf füllen, aufkochen und dann 5 Minuten zum Reduzieren köcheln lassen. Noch einmal abschmecken und ggf. nachwürzen.

3 Die Sauce in eine kleine Schüssel füllen, abkühlen lassen, mit Frischhaltefolie abdecken und bis zum Verzehr in den Kühlschrank stellen. Sie sollte innerhalb einer Woche aufgegessen werden – aber sie ist so lecker, da sollte das kein Problem sein!

Und schon wieder etwas Kubanisches, das ich nach dem Revolutionär Ché Guevara benannt habe. Ich habe auch versucht, die Chips aus reifen Bananen zuzubereiten, und das Salz weggelassen und dazu Vanilleeis serviert – fantastisch! Dazu gehört unbedingt ein Drink.

Ché-Chips

4–6 Portionen

- Sonnenblumenöl zum Frittieren
- 2 reife Kochbananen, geschält und schräg in 1 cm dicke Scheiben geschnitten
- Salz zum Bestreuen

1 So viel Öl in einen großen Topf geben, dass dieser zur Hälfte voll ist. Das Öl so lange erhitzen, bis das Küchenthermometer 190 °C zeigt oder einige Bananenschnitze innerhalb von 45 Sekunden blassgold sind.

2 Portionsweise die Bananenstücke darin frittieren, während des Frittierens ein- oder zweimal wenden. Das Ganze dauert 3–6 Minuten. Geben Sie nicht zu viele Stücke auf einmal hinein, dann dauert das Frittieren länger.

3 Chips auf Küchenpapier abtropfen lassen und mit Salz bestreuen.

Das Zeug schmeckt fabelhaft zu Schweinekoteletts oder gekochtem Schinken. Es ist schon eine tropische Köstlichkeit, aber warum nicht ein Glas für Weihnachten machen oder einmal kaltes Fleisch damit verzaubern? Sie benötigen auf jeden Fall ein Konfitürenglas.

Würzig eingelegte Ananas

Ergibt 400 g

- 1 reife Ananas
- 200 ml Apfelessig
- 350 g feiner Zucker
- 2 Stück Sternanis
- 1 Stück in Sirup eingelegter Ingwer, fein gewürfelt
- 1 kleine rote Chili, entkernt, fein geschnitten
- 1 Zwiebel, in sehr dünnen Scheiben

1 Zum Sterilisieren des Glases dieses in einen großen Topf stellen und mit kaltem Wasser bedecken. Aufkochen und 10–15 Minuten köcheln. Glas aus dem Wasser nehmen und auf dem Kopf stehend abtropfen lassen.

2 Von der Ananas oben und unten eine Scheibe abschneiden. Ananas schälen und die schwarzen Augen herausschneiden. Quer in Scheiben schneiden. Scheiben halbieren, dann in kleine, unregelmäßig geformte Stücke schneiden (Sie möchten doch nicht, dass das Ganze aussieht wie Stücke aus der Dose).

3 Essig und Zucker in einen Topf geben und aufkochen, so lange rühren, bis der Zucker sich vollständig aufgelöst hat. Sternanis, Ingwer und Chili zugeben und weitere 10 Minuten köcheln, dann die Zwiebel hineingeben und das Ganze weitere 10 Minuten köcheln. Dann sollten die Zwiebelstücke weich sein und die Mischung im Topf dick.

4 Ananas zugeben und noch einmal 10 Minuten köcheln bzw. so lange, bis der Saft zu einem Sirup eingekocht ist (es wird beim Abkühlen noch dicker) und die Ananas weich ist. Sofort in das heiße, sterilisierte Glas füllen und verschließen. Die eingelegte Ananas hält sich so etwa 6 Monate. Ist das Glas einmal geöffnet, muss es im Kühlschrank aufbewahrt werden.

Das beste Chutney, das es gibt, glauben Sie mir! Scharf durch die Chili und wärmend durch den Ingwer. Es schmeckt so wie es ist auf Brot, ist aber auch fabelhaft in einem Käsesandwich oder zum Braten bzw. zu einem Hühnchen. Sie brauchen zwei Konfitürengläser.

Mango-Ingwer-Chutney

Ergibt 500 g

- 350 g Zwiebeln, fein gehackt
- 400 ml Malzessig
- 2 Lorbeerblätter
- 2 rote Chilis, entkernt, fein gehackt
- 2 grüne Chilis, entkernt, fein gehackt
- 1 TL schwarze Senfkörner
- 1 kg Mango, geschält, entsteint, in Stücke geschnitten (siehe Seite 25)
- 250 g Kochäpfel, geschält, in Scheiben
- 450 g Kristallzucker
- 2 TL gemahlener Ingwer
- ¼ TL gemahlene Nelken
- ½ TL gemahlener Piment

1 Zwiebeln mit Essig, Lorbeerblättern und Chilis in einen großen Topf geben und bei schwacher Hitze 10 Minuten köcheln lassen bzw. so lange, bis die Zwiebeln weich sind. In der Zwischenzeit die Senfkörner unter dem mittelheißen Grill rösten, bis sie aufplatzen.

2 Mangostücke, Äpfel und Senfkörner zur Zwiebelmischung geben und etwa 15 Minuten köcheln, bis das Obst weich ist. Zucker, Ingwer, Nelken und Piment unterrühren, die Temperatur erhöhen und das Ganze 30–40 Minuten kochen. Dann sollte aus der Mischung eine dicke Konfitüre geworden sein. Hin und wieder umrühren, damit nichts anbrennt. Abkühlen lassen und dann servieren.

3 Alternativ noch heiß in sterilisierte Gläser (siehe Seite 125) füllen. So hält sich das Chutney bis zu 9 Monaten. Einmal geöffnet, muss das Glas im Kühlschrank aufbewahrt werden.

Eine herrliche Beilage mit schöner Farbe und feiner Würze: Hier habe ich den klassischen indischen Pilaw-Reis auf meine Weise verändert. Noch karibischer wird er, wenn Sie statt Spinat Callalloo verwenden.

Roots Reis

6 Portionen

- 250 g Basmatireis
- 2 EL Sonnenblumen- oder Erdnussöl
- 1 kleine Zwiebel, fein gehackt
- 1–2 Knoblauchzehen, fein gehackt
- 2 TL gemahlene Kurkuma
- 1 Zimtstange
- 2 Lorbeerblätter
- Salz und schwarzer Pfeffer
- 300 ml Hühnerbrühe oder Wasser
- 200 g Spinat, gewaschen und ohne dicke Stängel

1 Reis in eine Schüssel schütten und mit kaltem Wasser bedecken. 30 Minuten darin einweichen, dann in einem Sieb abspülen und abtropfen lassen. Öl bei mittlerer Hitze in einem Topf heiß werden lassen und die Zwiebel darin blassgelb sautieren. Knoblauch zugeben und 2 Minuten mitdünsten, dann die Gewürze und Lorbeerblätter in den Topf geben und einige Minuten im Öl erhitzen.

2 Den Reis einrühren, würzen und Brühe oder Wasser zugießen. Aufkochen, Temperatur reduzieren und den Deckel auf den Topf setzen. 15–20 Minuten köcheln bzw. so lange, bis der Reis gar ist und die Flüssigkeit vollständig aufgenommen hat. Ggf. müssen Sie etwas mehr Flüssigkeit zugießen, ist dies der Fall, immer nur ein wenig auf einmal. Während des Garens den Reis nicht umrühren!

3 Spinat unabgetropft in einen großen Topf geben und abgedeckt bei schwacher Hitze 4 Minuten köcheln, bis die Blätter zusammengefallen sind. Zwischendurch die Blätter einmal umrühren. Etwas abkühlen lassen, dann das überschüssige Wasser mit den Händen ausdrücken. Grob zerkleinern und würzen. Wenn der Reis gar ist, Spinat unterrühren und den Deckel wieder auf den Topf setzen, damit der Spinat heiß wird. Den Reis vor dem Servieren mit einer Gabel auflockern.

Zu einem einfachen Stück Hähnchen oder Fisch macht sich ein farbenfroher Reis gut. Er ist einfach mit den Rastafarben Rot, Grün und Gelb, oder wie wir sagen, Gold, zuzubereiten. Um den Reis abzumessen, verwenden Sie die leere Kokosmilchdose.

Reis Rot-Grün-Gold

6 Portionen

- 1 Dose Langkornreis
- 1 rote Paprika, entkernt, in 2 cm großen Stücken
- 1 grüne Paprika, entkernt, in 2 cm großen Stücken
- 1 gelbe Paprika, entkernt, in 2 cm großen Stücken
- 400 ml Kokosmilch
- einige Thymianzweige
- 1 scharfe rote Chili (am besten die schottische Bonnet), entkernt, fein gehackt
- Salz und schwarzer Pfeffer

1 Den Reis in eine Schüssel schütten und mit kaltem Wasser bedecken. 30 Minuten darin einweichen, dann in einem Sieb gut abspülen und abtropfen lassen.

2 Alle Zutaten in einen Topf geben, der einen exakt schließenden Deckel hat. 400 ml Wasser zugießen, umrühren und mit Deckel aufkochen. 10–15 Minuten bei schwacher Hitze köcheln bzw. so lange, bis der Reis die Flüssigkeit vollständig aufgenommen hat. Während des Garens darf der Reis nicht umgerührt werden, er würde sonst Stärke freisetzen.

3 Topf vom Herd ziehen und mit Deckel 10 Minuten ruhen lassen. Mit einer Gabel den Reis auflockern und vor dem Servieren gut abschmecken. Thymianzweige entfernen.

In Spanien als „arroz verde" bekannt, besticht diese Beilage durch ihre leuchtenden Farben. Essen Sie dazu meinen „kubanischen Schweinebraten" (siehe Seite 111).

Grüner Kuba-Reis

6 Portionen

- 350 g weißer Langkornreis
- 2 grüne Paprika, entkernt, grob gehackt
- 2 Frühlingszwiebeln, grob gehackt
- 1 Bund Petersilie, Blättchen grob gehackt
- ½ Bund frischer Koriander, Blättchen grob gehackt
- Salz zum Abschmecken
- 2 EL Olivenöl
- 1 EL Butter
- 475 ml Hühnerbrühe
- Saft von 1 Limette

1 Den Reis in eine Schüssel schütten und mit kaltem Wasser bedecken. 30 Minuten darin einweichen, dann in einem Sieb gut abspülen und abtropfen lassen.

2 Paprika, Frühlingszwiebeln, Petersilie und Koriander in einen Mixer oder eine Küchenmaschine geben, mit Salz bestreuen und mit 2 EL Wasser zu einer glatten Konsistenz verarbeiten.

3 Einen Topf mit exakt passendem Deckel bei mittlerer Hitze heiß werden lassen, Öl und Butter darin erhitzen. Schäumt die Butter, Reis gut unterrühren, damit alle Reiskörner vom Fett überzogen sind. Dann die Kräuterpaste einrühren. 1 Minute kochen lassen, dann die Brühe zugießen, aufkochen und die Temperatur reduzieren. Mit Deckel so lange köcheln, etwa 16 Minuten, bis der Reis die Flüssigkeit vollständig aufgenommen hat. Während des Garens darf der Reis nicht umgerührt werden, er würde sonst Stärke freisetzen.

4 Topf vom Herd ziehen und den Reis mit Deckel 10 Minuten ruhen lassen. Vor dem Servieren mit Limettensaft beträufeln und mit einer Gabel auflockern.

Eines der wichtigsten Gerichte Kubas, ein Hauptnahrungsmittel in jeder Küche. Die Bohnen werden mit Sofrito gewürzt, eine Mischung aus Zwiebel, Knoblauch, Cumin und Oregano. Es handelt sich um eines der knoblauchigsten Rezepte, die ich je zubereitet habe. Eigentlich bevorzuge ich Knoblauch lieber dezent im Hintergrund. Aber in Kuba liebt man ihn und er passt gut zu schwarzen Bohnen. Dazu reichen Sie Reis oder einen Klecks Sour Cream oder Tortillachips.

Schwarze Bohnen auf kubanische Art

4–6 Portionen

250 g schwarze Bohnen

½ grüne Paprika, entkernt, aber im Ganzen

2 Lorbeerblätter

1 EL Sonnenblumenöl

1 Zwiebel, grob gehackt

3 Knoblauchzehen, fein gehackt

½ TL gemahlener Cumin

Blätter von 1 großen Oreganozweig

1 Spritzer Weißweinessig

1 TL feiner Zucker

Salz und schwarzer Pfeffer

1 Bohnen in eine Schüssel legen, mit Wasser bedecken und über Nacht darin einweichen. Am nächsten Tag abgießen, gut abspülen und mit frischem Wasser in einen großen Topf geben. Grüne Paprika und Lorbeerblätter mit hineinlegen. Aufkochen, dann die Temperatur reduzieren und die Bohnen mit Deckel 45 Minuten köcheln lassen bzw. so lange, bis sie gar sind.

2 In der Zwischenzeit den Sofrito zubereiten. Dafür Öl in eine Pfanne geben und Zwiebel und Knoblauch bei mittlerer Hitze in etwa 5 Minuten weich sautieren. Hin und wieder umrühren. Cumin und Oregano unterrühren. Mit Essig und Zucker abschmecken und weitere 1–2 Minuten köcheln, damit die Aromen sich verbinden.

3 Die garen Bohnen abgießen und Lorbeer und Paprika entfernen. Bohnen leicht zerdrücken, Sofrito einrühren und sofort servieren.

Partys

Diese leckeren kubanischen Snacks schmecken super zu einem Rumcocktail oder einem Bier. Kubaner mögen sie herzhaft, aber Süßmäuler können die Fritoritos statt mit Salz auch mit Zucker bestäuben. Tauchen Sie einen Teelöffel in kaltes Wasser, bevor Sie Teig abstechen, dann gleitet er leichter ins heiße Öl.

Mais-Fritoritos

6 Portionen

2 gegarte Süßmaiskolben oder 200 g Süßmais aus der Dose, abgetropft

1 Ei

2 EL frische Korianderblätter

1 Prise Salz, zusätzlich etwas zum Servieren (nach Belieben)

2–4 EL Mehl

½ EL Schlagsahne

Sonnenblumenöl zum Frittieren

Zum Servieren

Saft von 1 Limette

Demerara-Zucker (nach Belieben)

1 Die Maiskörner vom Kolben kratzen: Dafür die Kolben mit dem Stängelansatz nach unten auf ein Brett setzen und mit einem großen Messer von oben nach unten die Körner abstreifen. Mais in einen Mixer oder eine Küchenmaschine geben, Ei, Koriander und etwas Salz zugeben. 2 EL vom Mehl hineingeben. Zu einer Paste verarbeiten, ggf. etwas mehr Mehl oder Sahne untermengen. Sie brauchen einen festen Teig, der leicht in Bällchen zu formen ist.

2 Reichlich Öl in einen mittelgroßen Topf gießen, zur Hälfte sollte er gefüllt sein. Bei mittlerer Temperatur erhitzen, bis das Küchenthermometer 190 °C anzeigt bzw. einige Teigspritzer in etwa 45 Sekunden blassgelb sind.

3 Teelöffelweise den Teig ins heiße Öl gleiten lassen, jeweils 4–5 Bällchen auf einmal. Die Fritoritos ein- oder zweimal wenden und goldbraun frittieren. Frittieren Sie nicht zu viele auf einmal, dann dauert der Garprozess zu lange. Fritoritos auf Küchenpapier abtropfen lassen und warm halten, während der restliche Teig auf dieselbe Weise verarbeitet wird. Zum Servieren etwas Limettensaft über die Fritoritos träufeln und entweder mit Salz oder Zucker bestäuben.

Jamaikaner schätzen die hübschen, dicken Kekse, ob als kleine Nascherei oder zum Kochen. Sie können für diesen Snack jede Art von Kräcker verwenden. Die kleinen Köstlichkeiten sind schnell gemacht und ideal für den kleinen Hunger oder zu einem Drink. Cutter, kleine, runde Sandwiches, isst man in der Karibik gern. Hier meine schnelle und leichte Variante.

Käsecutters mit Mango und Creme

6 Portionen als Snack

¼ reife Mango, geschält

100 g Frischkäse

4 TL gehackte frische Korianderblätter

12 dicke Kräcker

12 frische Korianderblättchen zum Garnieren

1 Mangofruchtfleisch in dünne Streifen schneiden.

2 Frischkäse und gehackten Koriander gut miteinander verrühren. Die Kräcker mit der Frischkäsemasse bestreichen, mit Mangostreifen belegen und jeden Cutter mit einem Korianderblättchen verzieren.

Mich fasziniert in diesem gesunden Essen das Aroma frischer Minze. Es ist überaus wichtig, Zwiebel und Koriander sehr fein zu schneiden.

Ceviche auf kubanische Art

4 Portionen

- 250 g sehr frisches Lachsfilet ohne Haut, in 1 cm großen Würfeln
- ½ kleine rote Zwiebel, in sehr dünnen Scheiben
- 2 EL fein gehackte Korianderblättchen
- Tortillachips zum Servieren (nach Belieben)

Für das Dressing

- 50 ml Limettensaft
- 1 EL Sonnenblumenöl
- 6 Minzeblätter, grob gehackt
- 1 Lorbeerblatt
- 1 Prise Salz

1 Alle Zutaten für das Dressing in einer Porzellanschüssel verrühren. Lachs zugeben und unterrühren, er sollte rundherum mit der Dressingflüssigkeit überzogen sein. Mit Frischhaltefolie abdecken und 2–3 Stunden im Kühlschrank marinieren lassen. In der Zeit einige Male umrühren.

2 Zwiebel und frischen Koriander unterrühren und die Ceviche pur oder mit einer Handvoll Tortillachips servieren.

Die scharfe und hitverdächtige Sauce müssen Sie probiert haben! Sie schmeckt köstlich zu Hähnchen, Garnelen, Lamm –, aber auch zu einem Haufen Kartoffelchips.

Chilidip mit Ananas und Aprikose

Ergibt 500 ml

- 1 scharfe, rote Chili (am besten die schottische Bonnet), mit oder ohne Kerne, fein gehackt
- 400 g frische Ananas, in 3 cm großen Stücken
- 3 große Aprikosen, entsteint, in 3 cm großen Stücken
- 2 EL Tomatenpüree
- 1–2 EL Apfelessig zum Abschmecken
- 3–4 EL feiner hellbrauner Muscovado-Zucker zum Abschmecken
- 1 gute Prise geriebene Muskatnuss
- ½ Knoblauchzehe, fein gehackt
- 1 ½ TL Salz

1 Alle Zutaten in einen Mixer oder eine Küchenmaschine geben und zu einer dicken, glatten Sauce verarbeiten. Abschmecken und falls erforderlich, etwas Essig oder Zucker unterrühren.

2 Die Sauce in eine kleine Schüssel füllen, mit Frischhaltefolie bedecken und bis zum Essen in den Kühlschrank stellen. Damit sie ein Genuss bleibt, sollte die Sauce innerhalb weniger Tage verputzt werden.

Schon etwas Außergewöhnliches, vor allem als Vorspeise: Der leicht marinierte Geschmack ist ein echter Gaumenkitzler. Unwiderstehlich, wenn man es einmal probiert hat und großartig im Sommer zu einem kühlen Longdrink.

Souscaille

4 Portionen als Vorspeise

1 große, nicht ganz reife Mango, geschält, entsteint (siehe Seite 25)

2 Knoblauchzehen, zerdrückt

½ TL Salz

½ TL weißer Pfeffer

1 rote Chili, entkernt, fein gehackt

Saft von 2 Limetten

1 Mango in mundgerechte Häppchen schneiden. Vorsichtig das Fruchtfleisch vom Kern lösen und in feine Scheiben schneiden.

2 Alle anderen Zutaten mit 200 ml Wasser mischen. Mango in die Marinade legen und 20 Minuten darin ziehen lassen. Herausnehmen und servieren. Die Mangostücke schmecken leicht mariniert, scharf und einfach nach mehr.

Hervorragend zu einem Glas Bier oder einer erfrischenden Limetten-limo. Selbst auf Eis sind sie köstlich und unwiderstehlich.

Geröstete Kokosnuss

6 Portionen

6 TL Demerara-Zucker

175 g frische Kokosnuss (etwa 1 Kokosnuss)

1 Den Backofen auf Ober-/Unterhitze 110 °C (Heißluft 90 °C) vorheizen. Ein Backblech mit Alufolie belegen. Zucker mit 6 EL heißem Wasser verrühren, so lange rühren, bis der Zucker sich vollständig aufgelöst hat.

2 Mit einem Sparschäler lange, dünne Scheiben von der Kokosnuss schneiden, am besten 5–6 cm lang. Mit dem Demerara-Sirup mischen, dann die Kokosscheiben auf das Backblech legen und gut verteilen. Sie müssen nicht in einer einzigen Schicht liegen, sollten aber auch keine Häufchen bilden.

3 Etwa 80 Minuten auf mittlerer Schiene im Backofen rösten bzw. so lange, bis sie leicht gebräunt und knusprig sind. Bis zum Verzehr in einen luftdichten Behälter legen – darin bleiben sie einige Tage knusprig. Aber lange halten werden sie sich nicht, versprochen!

Wow ... das ist der absolute Schokohit! Chili und Schokolade sind ein großartiges Duo, und große und kleine Schokoproduzenten mischen mittlerweile Chili unter ihre braune Köstlichkeit. Diese herrlichen Trüffel, deren Grundlage ein Rezept von Shaun Hill ist, zergehen auf der Zunge und schmecken erst nach Schokolade, aber dann folgt der Chilirausch!

Schokotrüffel mit Rum und Chili

Etwa 30 Stück

150 g Chilischokolade

80 g Schlagsahne

75 g weiche Butter

3 TL Rum

Für den Guss

100 g Chilischokolade

3 EL Kakaopulver

1 Schokolade in Stücke brechen, in eine Schüssel legen und im Wasserbad (die Schüssel darf das Wasser nicht berühren) schmelzen. In der Zwischenzeit Sahne in einem Topf bis kurz vor dem Siedepunkt erhitzen. Leicht abkühlen lassen, dann zur geschmolzenen Schokolade geben und beides gut mischen. Butter schaumig rühren, dann in die Schoko-Sahne-Masse rühren, zuletzt Rum zugeben. Abkühlen lassen, dann 1–2 Stunden in den Kühlschrank stellen, bis die Masse fest genug geworden ist.

2 Für den Guss Schokolade auf dieselbe Weise schmelzen und leicht abkühlen lassen. Von der abgekühlten Schoko-Sahne-Masse teelöffelweise etwas abnehmen und kleine Ovale oder Bällchen formen, oder sonstwas für Gestalten, das bleibt Ihnen überlassen. Sie können das Ganze mit den Händen machen – eine mühsame, aber köstliche Sache – Sie können es aber auch mit 2 Teelöffeln tun.

3 Jeden Trüffel in der Glasur wälzen, dann zum Trocknen auf ein mit Pergamentpapier belegtes Backblech legen. (Sind die Trüffel etwas zu weich, um sie in den Guss zu legen, können Sie diese 15 oder 30 Minuten in den Kühlschrank legen, bevor Sie fortfahren.) Jeden Trüffel mit gesiebtem Kakao bestäuben und im Kühlschrank bis zum Verzehr aufbewahren – sie halten sich etwa eine Woche, aber so lange werden sie dort nicht liegen! Sie können die Trüffel zum Servieren in kleine Papierförmchen setzen.

Ja, ich weiß, Pimm's ist genauso britisch wie Erdbeeren mit Sahne, aber es gibt eine karibische Extratour. Pimm's mit einem Kick! Am besten ist die schmackhafte sizilianische Limonade. Allerdings sollten Sie darauf achten, dass keiner Ihrer Gäste danach Auto fährt.

Herausgeputztes Pimm's

6 Portionen

- 250 ml Pimm's
- 600 ml qualitativ hochwertige Limonade
- 50 ml Curaçao
- 50 ml guter Rum
- Saft von 1 Limette

Zum Servieren

- Limettenscheiben
- Mangostücke
- Minzeblätter
- Crushed Ice

1 Alle Zutaten in einem Krug mischen und reichlich Eis dazugeben. Gut umrühren.

2 In Gläser füllen und mit Limettenscheiben, Mangostücken und Minzeblättern dekorieren und servieren.

Das Rezept brauchte einige Zeit, bis ich es entwickelt hatte. Ich wollte die richtige Balance zwischen Kaffee und Rum (eine schreckliche Aufgabe!). Das Ganze sieht nach sehr starkem Kaffee aus, aber glauben Sie mir, es schmeckt. Legen Sie sich in die Hängematte und genießen Sie den Rum-Eiskaffee gut gekühlt!

Rum-Eiskaffee

6 Portionen

9 EL gemahlener Kaffee
2 EL Zucker
1 Zimtstange, halbiert
reichlich geriebene Muskatnuss
100 ml dunkler Rum
5 EL Schlagsahne
6 EL Kondensmilch

1 Den Kaffee mit 700 ml kochendem Wasser zubereiten, Zucker und Gewürze einrühren und vollständig abkühlen lassen.

2 Alle anderen Zutaten zugeben und im Kühlschrank gut kühlen lassen.

3 Auf Eis in hohe Gläser gießen und nur noch genießen.

Eine einfache und doch überaus köstliche Bowle. Limettensaft müssen Sie nicht zugeben, denn das Fruchtfleisch der Passionsfrüchte gibt dem Ganzen genug Säure.

Bowle mit Passionsfrüchten, Mango und Orange

6 Portionen

- 12 Passionsfrüchte
- 300 ml frisch gepresster Orangensaft
- 300 ml Mangosaft
- 6 EL feiner Zucker
- 150 ml Rum
- 4 EL Curaçao

Zum Servieren

- Eiswürfel
- Mangoscheiben
- Orangenstücke

1 Fruchtfleisch und Saft aus den Passionsfrüchten kratzen und durch ein Sieb passieren, um die Kerne zu entfernen. Mit Orangen- und Mangosaft mischen. Zucker, Rum und Curaçao unterrühren.

2 Eiswürfel zugeben und richtig gut umrühren. Mit frischen Mango- und Orangenstücken servieren.

Der wahre Geschmack der Karibik. Rum, Limette und Zucker – was gibt es Schöneres auf dieser Welt?

Daiquiri

1 Portion

85 ml weißer Rum

1 ½ EL Limettensaft, zusätzlich etwas fürs Glas

2 TL feiner Zucker, zusätzlich etwas fürs Glas

1 gute Handvoll Crushed Ice

Limettenschale zum Garnieren

1 Rum, Limettensaft, Zucker und Eis in einen Mixer oder eine Küchenmaschine geben und so lange mixen, bis die Mischung wie Schnee aussieht.

2 Auf einen kleinen Teller etwas Limettensaft geben, auf einen zweiten Teller etwas Zucker. Vorsichtig ein Champagnerglas erst in den Limettensaft, dann in den Zucker drücken, um einen schönen Zuckerrand zu bekommen.

3 Daiquiri ins Glas gießen und mit Limettenschale garnieren.

Desserts

Ich liebe diese Pannacotta, die ich mit den Aromen von Muskatnuss, Vanille und Honig angereichert habe. Sie benötigen für das Rezept vier Ramequins (je 125 ml) oder kleine Puddingformen.

Pannacotta mit Vanille, Muskat und Honig

4 Portionen

250 g Schlagsahne

200 ml Vollmilch

1 gute Prise geriebene Muskatnuss

4 TL leicht aromatisierter Honig (Orangenblüte, Akazie oder Wildblume)

1 Vanilleschote

5 Gelatineblätter

Erdbeerhälften zum Garnieren

1 Sahne, Milch, Muskat und Honig in einen kleinen Topf geben, Vanilleschote halbieren, das Mark in den Topf kratzen und auch die leere Schote hineinlegen. Unter Rühren einige Minuten langsam erhitzen, bis die Masse zu kochen beginnt. Topf vom Herd ziehen und das Ganze zugedeckt 30 Minuten ziehen lassen.

2 Gelatine in kaltem Wasser 5 Minuten quellen lassen. In der Zwischenzeit die Sahnemasse langsam wieder erhitzen. Vanilleschote entfernen (abspülen und sie ein anderes Mal noch einmal benutzen oder mit Zucker in einen Gefrierbeutel legen, um Vanillezucker herzustellen). Gelatine ausdrücken und bei schwacher Hitze in der Sahnemasse unter Rühren auflösen.

3 Sahnemasse in die Ramequins füllen, mit Frischhaltefolie abdecken und 2 Stunden in den Kühlschrank stellen. Nicht länger! Das Dessert sollte zart bleiben.

4 Pannacotta aus den Förmchen nehmen. Das geht so: Mit einem Messer einmal am Innenrand entlangziehen, dann die Förmchen kurz in heißes Wasser tauchen, dann auf Servierteller stürzen. Die Pannacotta sind gesprenkelt mit Vanillemark und Muskat. Zum Servieren Erdbeerhälften dazulegen.

Muscovado-Zucker hat ein herrliches Aroma und macht aus einem gewöhnlichen Baiser einen karibischen Sahnetuff.

Muscovado-Baisers

16 Stück

- 2 Eiweiß
- 50 g feiner Zucker
- 50 g heller Muscovado-Zucker
- 140 g Schlagsahne zum Servieren

1 Den Backofen auf 110 °C (Heißluft 90 °C) vorheizen. Eiweiß in einer absolut sauberen Rührschüssel so steif schlagen, dass am Rührbesen lange Spitzen hängenbleiben. Nach und nach den Zucker unterrühren und weiterschlagen, bis die Masse eine glatte, glänzende und dicke Konsistenz hat.

2 Mit Backpapier 2 Backbleche belegen. Mit einem Löffel die Eiweißmasse in Klecksen daraufsetzen, zwischen den einzelnen Baisers genügend Abstand lassen. Etwa 1 ½ Stunden auf mittlerer Schiene im Ofen trocknen lassen bzw. so lange, bis sie sich trocken anfühlen. Im Ofen mit leicht geöffneter Tür abkühlen lassen.

3 Die Baisers halten sich einige Tage in einem luftdicht verschlossenen Behälter frisch. Zum Servieren die Sahne steif schlagen. Auf die Unterseite eines Baisers einen Sahnetuff spritzen und einen zweiten Baiser daraufsetzen.

Gut oder schon himmlisch? Die Mousse enthält meine Lieblingszutaten: köstliche dunkle Schokolade, Orangenschale, Rum und Sahne!

Schokomousse mit Rum und Rosinen

6 Portionen

- 2 EL Rosinen
- 4 TL Rum
- 1 ½ TL fein geriebene Orangenschale (von 1 Bio-Orange)
- 100 g dunkle Schokolade mit hohem Kakaoanteil
- 4 große Eier, getrennt
- 3–4 EL feiner Zucker
- Schlagsahne zum Servieren

1 Rosinen und Rum in einen kleinen Topf geben und bei schwacher Hitze einige Minuten erwärmen. Topf vom Herd ziehen und Orangenschale unterrühren. Die Rosinen darin 30 Minuten einweichen.

2 Schokolade zerkleinern und in einer Schüssel im Wasserbad (der Boden der Schüssel darf das Wasser nicht berühren) schmelzen, anschließend etwas abkühlen lassen. Die Abkühlzeit unbedingt einhalten, wenn Sie eine zarte Mousse statt Schokorührei haben möchten. Die abgekühlte Schokolade mit dem Eigelb verrühren. Eingeweichte Rosinen und etwas Zucker zugeben. Ob etwas mehr oder weniger Zucker, das hängt davon ab, wie süß Sie es mögen.

3 In einer absolut sauberen Rührschüssel das Eiweiß so steif schlagen, bis am Rührbesen lange Spitzen hängenbleiben. Damit so viel Luft wie möglich in die Mousse eingearbeitet wird, wenn das Eiweiß unter die Schokoladenmasse gehoben wird, sollten Sie immer nur 1–2 EL Eiweiß auf einmal unterrühren. Bis das Eiweiß vollständig untergerührt ist, dauert es also einige Minuten.

4 Die Mousse in eine Souffléform oder einzelne Dessertschalen füllen und mindestens 4 Stunden, am besten über Nacht, in den Kühlschrank stellen. Darauf wird flüssige Sahne gegossen!

Serves 4

Klingt das nicht gut? Es ist einfach fabelhaft! Das Rezept basiert auf einem meiner karibischen Lieblingsdrinks. Karibischer Stoutpunsch, der ist süß und bitter. Das Eis schmeckt gut mit Schokoladensauce oder Schokobrownies. Zum Servieren gießt man dunklen Rum darüber.

Eiscreme mit Starkbier und Rum

8 Portionen

- 250 ml Milch
- 250 g Schlagsahne
- ½ Zimtstange
- 4 Nelken
- reichlich frisch geriebene Muskatnuss
- 1 TL Vanillezucker
- 6 Eigelb
- 60 g feiner dunkelbrauner Zucker
- 150 ml dunkles Starkbier
- 2 EL dunkler Rum

1 Milch, Sahne, Zimt und Nelken in einen Topf geben und langsam aufkochen lassen. Dann den Topf von der Herdplatte ziehen, Muskat und Vanillezucker einrühren und 20 Minuten abkühlen lassen. Danach Zimtstange und Nelken herausnehmen.

2 In der Zwischenzeit Eigelb mit Zucker mit einem elektrischen Rührgerät schaumig schlagen. Sahnemasse und Zucker unterrühren. Den Topf wieder auf den Herd stellen und das Ganze bei schwacher Hitze erwärmen. So lange mit einem Holzlöffel umrühren, bis die Masse so dick ist, dass sie den Löffelrücken überzieht. Ist dies der Fall, die Sahnemasse in eine Schüssel füllen und diese in eine mit kaltem Wasser gefüllte Spüle setzen, um das Weiterkochen zu verhindern. Bier und Rum einrühren und abkühlen lassen.

3 Die Eiscrememasse so durchrühren, wie es in der Anleitung Ihrer Eismaschine steht. Haben Sie keine, gießen Sie die Masse in eine flache, breite Gefrierbox. Diese kommt für 45 Minuten bzw. so lange, bis auch die Ränder der Masse beginnen zu gefrieren, in das Tiefkühlfach. Herausnehmen und das Ganze zu einer glatten, sahnigen Masse rühren oder in einen Mixer oder eine Küchenmaschine schütten und durchschlagen lassen. Auch mit einer Gabel und etwas Kraft im Arm funktioniert es. Dieser Vorgang wird zweimal wiederholt, dann kommt das Eis wieder ins TK-Fach – dort bleibt es dann bis zum Verzehr.

Das Eis hat einen erstaunlich intensiven Bananengeschmack. Und was noch besser ist: Sie benötigen für dieses Rezept keine Eismaschine.

Eis mit gebackenen Bananen

6 Portionen

- 4 Bananen
- 8 EL feiner hellbrauner Zucker
- 2 EL weißer Rum
- Saft von 4 Limetten
- 250 g Schlagsahne
- 200 ml Vollmilch

1 Den Backofen auf Ober-/Unterhitze 180 °C (Heißluft 160 °C) vorheizen. Bananen schälen, halbieren und in eine kleine ofenfeste Form legen. Mit Zucker bestreuen, mit Rum und dem Saft von 2 Limetten beträufeln. Auf mittlerer Schiene im Ofen weich backen. Wie lange das dauert, hängt vom Reifegrad der Bananen ab, aber länger als 15 Minuten sollte es nicht dauern.

2 Bananen in einen Mixer oder eine Küchenmaschine geben und mit dem restlichen Limettensaft zusammen pürieren. Abkühlen lassen. Sahne steif schlagen. Milch in die Bananenmasse rühren, dann die geschlagene Sahne unterheben. Die Masse sollte klümpchenfrei sein. Eismasse in eine flache Gefrierbox füllen, verschließen und einfrieren. Das Tolle an diesem Rezept: Sie müssen die Masse nicht noch einmal aus dem TK-Fach nehmen, um sie durchzurühren.

Ihre Granita bekommt eine hinreißende Farbe, wenn Sie für dieses Rezept eine dunkelrote Wassermelone verwenden.

Granita mit Wassermelone und Minze

8 Portionen

1,5 kg Wassermelone, entkernt, gewürfelt

80 g feiner Zucker

1 gute Handvoll Minzeblätter, grob zerkleinert

fein geriebene Schale und Saft von 3 Limetten

5 EL weißer Rum

Wassermelonenscheiben zum Servieren (nach Belieben)

1 Wassermelone in eine große Schüssel geben und mit Zucker und Minze vermengen; etwa 1 Stunde ziehen lassen. Dann im Mixer oder in einer Küchenmaschine zu einem Püree verarbeiten und den Limettensaft unterrühren. Die Mischung durch ein Sieb in eine flache Gefrierbox passieren. Limettenschale und Rum unterrühren, verschließen und ins Tiefkühlfach stellen.

2 Während des Gefrierens die Eiskristalle 3-mal grob aufbrechen, es reicht, wenn Sie die Masse gründlich mit der Gabel durchrühren.

3 Kurz vor dem Servieren noch einmal mit der Gabel durchrühren. Dann in gut gekühlte Gläser füllen und nach Belieben mit Melonenscheiben garnieren.

Ich liebe die süßen Zuviel-des-Guten-Desserts, aber es gibt Zeiten, da müssen die Desserts schnell von der Hand gehen. Dieses hier schmeckt fantastisch nach einem exotischen Mahl. Wer mag, kann mehr Rum zugeben.

Mango in Ingwer-Rum-Sirup

6–8 Portionen

- Saft von 4 Limetten
- 400 g feiner Zucker
- frische Ingwerwurzel (3 cm), geschält, in Scheiben
- 4 EL weißer Rum
- 3 Mangos, geschält, entsteint, in Scheiben (siehe Seite 25)
- 2 Stücke in Sirup eingelegter Ingwer, in feinen, dünnen Stiften
- Schale von 2 Bio-Limetten, fein gerieben

1 Limettensaft, Zucker und Ingwer mit 600 ml Wasser in einen Topf geben und bei mittlerer Hitze so lange unter gelegentlichem Rühren erwärmen, bis sich der Zucker vollständig aufgelöst hat. Aufkochen und dann ca. 25 Minuten bei mittlerer Hitze köcheln, bis eine Art Sirup entsteht. Während des Abkühlens wird der Sirup noch dicker. Rum unterrühren und abkühlen lassen, dann durch ein Sieb gießen, um den Ingwer zu entfernen.

2 Mangoscheiben in eine Schüssel legen und den Sirup darübergießen. Kalt stellen. Zum Servieren mit dem eingelegten Ingwer und Limettenschale bestreuen.

Die Pavlova sieht wie ein großer Pudding aus. Sie können das Ganze mit weiterem Obst anreichern, z. B. mit Bananen (vergessen Sie nicht, Zitronensaft darüberzuträufeln, damit sie nicht braun werden) oder Orangenfilets – ganz nach Gusto.

Kokospavlova mit tropischen Früchten

8 Portionen

- 6 Eiweiß (Raumtemperatur)
- 1 Prise Salz
- 375 g feiner Zucker
- 2 TL Maisgrieß
- 1 TL Weißweinessig
- 4 EL Kokosraspel
- 600 g Schlagsahne
- 4 EL weißer Rum
- Puderzucker zum Abschmecken

Für den Belag

- 1 Papaya, geschält, entkernt, in Scheiben
- 2 kleine Mangos, geschält, entsteint, in Scheiben (siehe Seite 25)
- 1 Babyananas, geschält und gehackt
- 6 Passionsfrüchte, halbiert, Saft und Kerne herausgenommen

1 Den Backofen auf Ober-/Unterhitze 180 °C (Heißluft 160 °C) vorheizen. Eiweiß mit Salz in eine große, absolut saubere Schüssel geben und mit dem elektrischen Rührgerät steif schlagen. Bildet das Eiweiß lange Spitzen, jeweils 1 TL Zucker auf einmal einrieseln lassen und unterrühren. Dann Maisgrieß, Essig und Kokosraspel unterrühren, bis eine sehr steife, glänzende Mischung entsteht.

2 Mit Backpapier zwei Backbleche belegen. Aus dem Baiser zwei Kreise als Böden (Durchmesser 20 cm) auf die Backbleche streichen. 5 Minuten auf mittlerer Einschubleiste in den Backofen schieben, dann die Backofentemperatur auf 130 °C (Heißluft 110 °C) reduzieren und die Baisers nacheinander (bei Heißluft zusammen) etwa 1 Stunde im Backofen trocknen lassen. Außen sollten sie leicht knusprig sein, im Innern aber weich wie ein Marshmallow. Abkühlen lassen. Die Sahne steif schlagen und Rum und Puderzucker nach Geschmack unterrühren.

3 Einen Baiser auf einen Tortenteller legen (ein Tortenteller mit hohem Fuß sieht sehr gut aus). Die Hälfte der Sahne darauf verstreichen und mit der Hälfte der Früchte (außer Passionsfrucht) belegen. Den zweiten Baiser darauflegen und leicht andrücken. Mit der restlichen Sahne bestreichen und mit den restlichen Früchten belegen. Zum Schluss kommt das Passionsfruchtfleisch auf die Pavlova.

Der gebackene Käsekuchen ist köstlich, gesüßt wird er mit karamellartigem Muscovado-Zucker und aromatisiert mit Ingwer, Limette und Vanille.

Käsekuchen mit Ingwer und Muscovado

8–10 Portionen

175 g Ingwerplätzchen oder Butterkekse

75 g Butter, zusätzlich etwas für die Form

Für die Füllung

500 g vollfetter Frischkäse

4 Eier, getrennt

200 g feiner hellbrauner Muscovado-Zucker

1 TL Vanillezucker

fein geriebene Schale von 2 Limetten

5 Stücke in Sirup eingelegter Ingwer, fein gehackt

300 g Schlagsahne

25–50 g Pekannüsse zum Garnieren

1 Den Backofen auf Ober-/Unterhitze 200 °C (Heißluft 180 °C) vorheizen. Ingwerkekse in eine Küchenmaschine geben und zu Bröseln verarbeiten. Brösel in eine Schüssel schütten. Butter in einem Topf bei mittlerer Hitze zerlassen und mit den Bröseln vermengen. Den Boden einer Springform (20 cm) fetten und die Brösel-Butter-Mischung hineingeben. Verteilen und fest andrücken, sodass ein schöner Teigboden und ein 4 cm hoher Rand entstehen. Die Springform auf mittlerer Einschubleiste auf den Rost stellen und den Boden etwa 10 Minuten backen.

2 Die Form aus dem Ofen nehmen und den Boden leicht abkühlen lassen. Die freien Ränder leicht einfetten. Die Backofentemperatur auf 160 °C (140 °C) reduzieren.

3 Frischkäse mit Eigelb verrühren, dann Zucker, Vanillezucker, Limettenschale und eingelegten Ingwer unterarbeiten. Eiweiß sehr steif schlagen und vorsichtig unterheben. Die Masse auf den Ingwerkeksboden geben und glatt verstreichen. Für 1 weitere Stunde in den Backofen stellen. Der Belag sollte dann fest sein. Backofen ausstellen, aber den Käsekuchen bei geschlossener Backofentür darin weitere 30 Minuten stehen lassen. Erst dann herausnehmen und vollständig abkühlen lassen.

4 Sahne steif schlagen und auf dem Kuchen verstreichen. Mit Pekannüssen garnieren. Bis zum Servieren in den Kühlschrank stellen.

Eine Blancmange auf meine Art ist alles andere als fade. Das Dessert, ein süßer und glänzender Kokosturm, wird mit einigen goldenen Mangostückchen serviert.

Kokos-Blancmange mit Mango

8 Portionen

11 Gelatineblätter

450 ml Kokosmilch aus der Dose

450 g Kondensmilch aus der Dose

3 reife Mangos

fein geriebene Schale und Saft von 1 Limette

1 Gelatine in kaltem Wasser 5 Minuten quellen lassen. In der Zwischenzeit Kokosmilch und Kondensmilch in einen Topf gießen und unter Rühren bei schwacher Hitze erwärmen. Darauf achten, dass nichts am Topfboden ansetzt.

2 Gelatine abgießen und überschüssiges Wasser herausdrücken. Gelatine in die Kokosmilch-Kondensmilch-Mischung rühren und bei schwacher Hitze darin auflösen. In eine Puddingform (1 Liter Inhalt) gießen, abkühlen lassen, dann in den Kühlschrank stellen. Die Blancmange benötigt einige Stunden, um fest zu werden.

3 Große Mangostücke vom Stein lösen (siehe Foto rechts) und das Fruchtfleisch kreuz und quer in ca. 2 cm dicke Stücke schneiden. Schneiden Sie nicht zu tief, denn das Fruchtfleisch sollte noch an der Schale haften. Die einzelnen Mangostücke mit den Fingern ein wenig aufrichten (das Ganze sieht dann aus wie ein Mango-Igel). Sie können natürlich auch das Fruchtfleisch in ganz normale Stücke schneiden. Restliches Mangofleisch vom Stein schneiden, schälen und klein schneiden. Wie auch immer Sie die Mango schneiden, legen Sie diese anschließend in eine Schüssel und träufeln Sie den Limettensaft darüber.

4 Jetzt kommt die Blancmange aus der Form. Fahren Sie einmal mit dem Messer am Innenrand entlang. Dann stellen Sie die Form für 10 Sekunden in heißes Wasser. Legen Sie einen nassen Servierteller darauf und stürzen Sie das Dessert mittig auf den Teller. (Mit dem nassen Teller lässt sich das Dessert besser „positionieren".) Mango-Igel neben die schimmernde Blancmange setzen und zum Servieren mit Limettenschale bestreuen.

Vergessen Sie Obst aus der Dose und Sherryflaschen. Hier haben Sie die beste Trifle, die es gibt. Ein Tipp: Bei der Vanillesauce sollten Sie nicht sparen.

Trifle mit Mango, Banane und Passionsfrucht

6 Portionen

- 2 Mangos, geschält, entsteint (siehe Seite 25)
- 5 Passionsfrüchte
- 1 Banane
- 300 g Biskuitkuchen (gekauft)
- 4 EL Zitronenaufstrich (siehe Punkt 2)
- 50 ml Rum
- Saft von 1 Limette
- 500 g Vanillesauce (gekauft)
- 250 g Schlagsahne
- Puderzucker zum Abschmecken
- geröstete Kokosraspel, geröstete Mandelblätter oder weiteres Passionsfruchtfleisch zum Garnieren

1 Mangofruchtfleisch in Würfel oder Scheiben schneiden. Passionsfrüchte halbieren und Fruchtfleisch und Kerne herauskratzen. Banane in Scheiben schneiden.

2 Jetzt wird die Trifle zusammengestellt. Den Biskuit in Streifen schneiden und jedes Stück mit Zitronenaufstrich bestreichen (für den Zitronenaufstrich Saft und Schale von 3 Zitronen mit 120 g Butter im Wasserbad verrühren, 2 Eier aufschlagen und unterrühren, im Wasserbad cremig rühren). Den Boden einer großen Glasschüssel mit zwei Schichten Biskuit auslegen (Zitronenaufstrichseite nach oben). Mit der Hälfte des Obstes belegen und mit der Hälfte des Limettensaftes beträufeln, dann die Hälfte der Vanillesauce darüberstreichen. Das Ganze einmal wiederholen. Die Trifle mit Frischhaltefolie abdecken und in den Kühlschrank stellen. Richtig gut schmeckt das Dessert erst am nächsten Tag.

3 Die Sahne steif schlagen und nach Geschmack mit Puderzucker süßen. Die Sahne auf die Trifle streichen und mit Kokosraspeln, Mandelblättchen und Passionsfruchtfleisch und -kernen garnieren.

Ein herrliches Dessert, ein echter jamaikanischer Klassiker. In der Karibik wird es gern in einem Topf über heißen Kohlen zubereitet – und auch auf den Deckel gibt man etwas davon. Wie man so schön sagt: Hallelujah in der Mitte!

Süßkartoffeldessert

10–12 Portionen

- 100 g Rosinen
- Saft von 1 Orange
- 1 EL Rum
- 100 g weiche Butter, zusätzlich etwas für die Form
- 1 kg Süßkartoffeln, geschält, gerieben
- 200 g feiner brauner Zucker
- 200 g Mehl
- 3 TL gemahlener Zimt
- 1 TL geriebene Muskatnuss
- 1 TL Salz
- 3 TL Vanillezucker
- 200 ml Kokosmilch aus der Dose
- 2 große Eier
- Schlagsahne zum Servieren

1 Den Backofen auf Ober-/Unterhitze 180 °C (Heißluft 160 °C) vorheizen. Rosinen mit Orangensaft und Rum in einen kleinen Topf geben, aufkochen, vom Herd ziehen und 10 Minuten ruhen lassen, während alles andere vorbereitet wird.

2 Boden und Rand einer Springform (26 cm Durchmesser) mit Butter einfetten. Süßkartoffeln mit Zucker, Mehl, Zimt, Muskat und Salz in einer Schüssel mischen. Das geht am besten mit den Händen, denn die Kartoffeln sollten vollständig mit Zucker und Gewürzen überzogen sein. In einer kleineren Schüssel Vanillezucker, Kokosmilch, Butter und Eier verrühren, dann die Rosinen mit Einweichflüssigkeit dazugeben. Schließlich wird das Ganze unter die Süßkartoffelmasse gerührt.

3 Den Teig in die Form geben und gut verstreichen. Im Ofen auf mittlerer Schiene etwa 1 ¼ bis 1 ½ Stunden backen. Dies ist ein Dessert und kein Kuchen: Das heißt, im Innern sollte es nicht trocken sein. Essen Sie das Dessert heiß, warm oder kalt – am besten mit flüssiger oder geschlagener Sahne. Ich liebe Sahne, und in diesem Fall ist sie lebensnotwendig!

Gebäck und Kuchen

Ein Schokoladenkuchen mit Stückchen drin: Und karibisch wird er durch die Orangenschale und die Gewürze. Nach einem guten Abendessen mit Freunden schmeckt er mit Sahne zu einem starken Kaffee. Aber natürlich mundet er auch nachmittags.

Schokokuchen mit Gewürzen und Orange

8 Portionen

175 g blanchierte Mandeln

4 große Eier, getrennt

170 g feiner Zucker

75 g einfache Schokolade, gerieben

fein gerieben Schale von 2 Bio-Orangen

1 EL gemahlener Zimt

2 EL Orangensaft

Butter für die Form

kandierte Orangenschalen zum Garnieren

Für die Schokosahne

140 g einfache Schokolade, in Stücke gebrochen

150 g Schlagsahne

½ EL feiner Zucker

1 Mandeln in einer trockenen Pfanne bei schwacher Hitze rösten. Vorsichtig! Sie brennen schnell an, deshalb unbedingt ein Auge darauf haben. Zum Abkühlen in eine Schüssel geben, dann in der Küchenmaschine mahlen. Den Backofen auf Ober-/Unterhitze 180 °C (Heißluft 160 °C) vorheizen.

2 Eigelb mit der Hälfte des Zuckers mit dem elektrischen Rührgerät schaumig schlagen. In einer sauberen Schüssel Eiweiß so steif schlagen, das lange Spitzen hängenbleiben, dann den restlichen Zucker unterrühren.

3 Mandeln, Schokolade, Orangenschale, Zimt und Orangensaft unter die Eigelbmasse rühren. Wirklich gut verrühren. Mit einem großen Metalllöffel ein Drittel der Eiweißmasse unterheben, dann nach und nach den Rest. Das Ganze in eine mit Butter gefettete Springform (Durchmesser 20 cm) geben und glatt verstreichen. 35–40 Minuten auf mittlerer Einschubleiste backen. Eine hineingesteckte Stricknadel sollte sauber wieder herauskommen. Kuchen auf dem Rost abkühlen lassen und dann aus der Form nehmen und auf einen Servierteller legen.

4 Für die Schokosahne die Schokolade im Wasserbad (der Boden der Schüssel darf das Wasser nicht berühren) schmelzen. Sahne und Zucker zugeben und die Zutaten gut miteinander verrühren. Schüssel aus dem Wasserbad nehmen und abkühlen lassen. Während des Abkühlens wird die Masse dick. Die Schokosahne mit einem Palettenmesser auf dem Kuchen verstreichen und mit kandierten Orangenzesten belegen.

Ich bin ein großer Fan von Zitronenkuchen, aber ich möchte es natürlich gern karibischer. Deshalb habe ich den Kuchen mit Limetten ausprobiert – und was soll ich sagen: Er ist viel besser! Ich bin sicher, Sie werden diesen Kuchen immer wieder backen.

Limettenkuchen

8 Portionen

125 g Butter, in Würfeln, zusätzlich etwas für die Form

225 g Mehl, gesiebt

½ Pck. Backpulver

1 Prise Salz

125 g feiner Zucker

2 große Eier, verquirlt

fein geriebene Schale und Saft von 3 Bio-Limetten

Für den Guss

Saft von 2 Limetten

100 g feiner Zucker

Puderzucker zum Bestäuben (nach Belieben)

1 Den Backofen auf Ober-/Unterhitze 180 °C (Heißluft 160 °C) vorheizen. Eine 900-g-Kastenform mit Butter einfetten und mit Backpapier auslegen.

2 Mehl, Backpulver und Salz in einer großen Schüssel mischen, dann die Butter unterarbeiten, bis das Ganze die Konsistenz von Streuseln hat. Zucker einrühren. Eier, Limettenschale und -saft unterrühren.

3 Den Teig in die Form geben und den Kuchen im Ofen auf mittlerer Schiene 45–55 Minuten backen. Er sollte eine goldgelbe Farbe haben, und eine hineingesteckte Stricknadel sollte sauber wieder herauskommen. 10 Minuten in der Form abkühlen lassen, dann aus der Form nehmen.

4 In der Zwischenzeit Limettensaft und Zucker für den Guss verrühren. Den Kuchen mehrmals mit einer Gabel oder einer Stricknadel einstechen und den Guss in die Löcher gießen. Er zieht in den Kuchen und bildet auf der Oberfläche eine leckere Zuckerkruste. Wer mag, kann den Kuchen vor dem Servieren noch mit Puderzucker bestäuben.

8 Portionen

115 g weiche Butter, zusätzlich etwas für die Form

140 g feiner hellbrauner Zucker

2 TL Vanillezucker

2 Eier, leicht verquirlt

fein geriebene Schale von 1 Bio-Orange

½ TL gemahlener Zimt

3 reife Bananen, zerdrückt

4 EL Sahne

225 g Mehl, gesiebt

1 TL Backpulver

½ TL Natron

35 g Schokoladenstückchen

25 g Pekannüsse, grob gehackt

getrocknete Bananenchips oder grob gehackte Pekannüsse zum Garnieren

Für die Buttercreme

170 g weiche Butter

340 g feiner hellbrauner Zucker

Saft von 1 Limette

Was ist besser als Bananenkuchen? Bananenkuchen mit Schokolade! Er ist herrlich matschig – Sie müssen reife Bananen nehmen – und schmeckt nach mehr. Wer keine Buttercreme mag, bestäubt den Kuchen einfach mit Puderzucker.

Bananen-Schoko-Kuchen

1 Den Backofen auf Ober-/Unterhitze 180 °C (Heißluft 160 °C) vorheizen. Eine Kastenform (20 x 13 cm) mit Butter einfetten und mit Backpapier auslegen.

2 Butter und Zucker mit einem elektrischen Rührgerät schaumig schlagen. Vanillezucker unterrühren, dann die Eier nach und nach unterrühren. Die Masse sollte eine cremige, glatte Konsistenz haben. Orangenschale, Zimt, Bananen und Sahne unterrühren, dann Mehl, Backpulver und Natron, Schokostückchen und Pekannüsse unterarbeiten.

3 Den Teig in die Form füllen und glatt streichen. Den Kuchen ca. 1 Stunde auf mittlerer Schiene im Ofen garen, beim Herausziehen sollte eine in den Teig gesteckte Stricknadel keine Teigreste mehr aufweisen. Kuchen aus der Form nehmen und zum Abkühlen auf einen Rost legen.

4 Für die Buttercreme Butter und Zucker mit einem elektrischen Rührgerät schaumig schlagen. Limettensaft einrühren. Buttercreme zum Festwerden einige Zeit in den Kühlschrank stellen – etwa 20 Minuten. Lassen Sie die Buttercreme nicht zu lange kühlen, dann wird sie zu hart und lässt sich nicht mehr verstreichen.

5 Ist der Kuchen abgekühlt, die Buttercreme daraufstreichen. Mit Bananenchips und gehackten Pekannüssen bestreuen.

Wow – das ist ein Kuchen für alle, die Kaffee und Rum lieben. Der Kaffee muss stark sein und scheuen Sie sich nicht, den Kuchen mit reichlich Flüssigkeit zu tränken. Der Kuchen saugt alles auf, mit dem Ergebnis, dass Sie einen „besoffenen" Kuchen haben.

„Besoffener" Kaffee-Rum-Kuchen

8 Portionen

- 175 g weiche Butter, zusätzlich etwas für die Form
- 175 g feiner hellbrauner Zucker
- 3 Eier, leicht verquirlt
- 175 g Mehl, gesiebt
- 1 TL Backpulver
- 1 Prise Salz
- 5 EL feiner Zucker
- 80 ml Rum
- 425 ml sehr starker heißer Kaffee
- 300 g Schlagsahne
- Pekannüsse zum Garnieren

1 Den Backofen auf Ober-/Unterhitze 190 °C (Heißluft 170 °C) vorheizen.

2 Butter und braunen Zucker mit einem elektrischen Rührgerät schaumig schlagen. Eier nach und nach unterrühren, anschließend Mehl und Backpulver unterarbeiten. Den Teig in eine gefettete Ringform mit abnehmbaren Boden oder in eine Springform (Durchmesser 20 cm) füllen und glatt streichen. 30–40 Minuten backen. An einer eingeführten Stricknadel sollten keine Teigreste mehr kleben. Aus der Form nehmen und auf einem Rost abkühlen lassen.

3 Zucker und Rum unter den Kaffee rühren und abschmecken – vielleicht möchten Sie noch etwas mehr Zucker oder Rum zugeben. Doch kosten Sie nicht zu oft davon! Den Kuchen wieder in die Form setzen. Rundherum mit einer Stricknadel einstechen, dann langsam die Kaffee-Rum-Flüssigkeit in die Löcher gießen. Den Kuchen am besten über Nacht alle Flüssigkeit aufsaugen lassen.

4 Sahne steif schlagen, den Kuchen aus der Form nehmen, mit Sahnetupfen und Pekannüssen garnieren.

Ein Kuchen, den Sie am besten für jemanden backen, den Sie sehr mögen oder den Sie lieben Freunden kredenzen sollten. Mein Rezept für den Passionsfrucht-Limetten-Aufstrich, den Sie benötigen, finden Sie auf Seite 186.

Passionsfruchtkuchen

8 Portionen

- 200 g weiche Butter, zusätzlich etwas für die Form
- 200 g feiner Zucker
- fein geriebene Schale von 2 Bio-Limetten
- 3 Eier, leicht verquirlt
- 200 g Mehl
- ½ Pck. Backpulver

Für die Füllung

- 125 g Mascarpone
- 75 g Quark
- Puderzucker zum Abschmecken und Bestäuben
- 250 g Passionsfrucht-Limetten-Aufstrich

1 Den Backofen auf Ober-/Unterhitze 180 °C (Heißluft 160 °C) vorheizen. Eine Springform (23 cm) einfetten und mit Backpapier auslegen.

2 Zucker, Butter und Limettenschale mit einem elektrischen Rührgerät schaumig schlagen. Nach und nach die Eier unterrühren. Sollte die Mischung gerinnen, 1 EL Mehl unterrühren. Restliches Mehl und Backpulver mit einem großen Metalllöffel unterarbeiten, den Teig in die Form geben und glatt streichen. Den Kuchen 35 Minuten auf mittlerer Einschubleiste backen bzw. so lange, bis eine hineingesteckte Stricknadel keine Teigreste mehr aufweist. Aus der Form nehmen und auf einem Rost abkühlen lassen.

3 Den Kuchen vorsichtig mit einem Sägemesser waagerecht halbieren. Die untere Hälfte auf einen Tortenteller legen. Mascarpone mit Quark, etwas Puderzucker und gut zwei Dritteln des Passionsfrucht-Limetten-Aufstrichs verrühren. Die Füllung auf dem Biskuitboden verstreichen, dann den Rest des Aufstrichs am Rand entlang in Tupfen daraufsetzen.

4 Den oberen Biskuit daraufsetzen und etwas andrücken. Mit Puderzucker bestäuben.

Himmlisch – Nahrung für die Götter! Der Aufstrich ist ideal, um Kuchen damit zu füllen (siehe Rezept Seite 184) oder Kekse zu bestreichen. Aber auch auf Toast schmeckt er herrlich (auch auf Vanilleeis macht sich ein Löffel davon gut). Wenn Sie das Rezept zubereiten, sollte die Butter zimmerwarm sein.

Passionsfrucht-Limetten-Aufstrich

Ergibt 340 g

- 2 Eier, leicht verquirlt
- 125 g Passionsfruchtfleisch
- fein geriebene Schale und Saft von 1 Limette
- 80 g feiner Zucker
- 60 g weiche Butter, gewürfelt

1 Eier, Passionsfrucht, Limettenschale, Saft und Zucker in eine Schüssel geben und mit einem Holzlöffel 12 Minuten im Wasserbad verrühren, bis die Mischung eindickt.

2 Schüssel aus dem Wasserbad nehmen und Butter unterrühren. Abkühlen lassen. Sofort verwenden oder noch heiß in ein sterilisiertes Glas füllen (siehe Seite 125). Im Kühlschrank hält sich der Aufstrich eine Woche.

Jamaikaner essen gern „bun and cheese“ (Brötchen mit Rosinen und Käse), Brötchen, die traditionell zu Ostern gebacken werden. Unsere Brötchen sind dunkel und groß. Hier finden Sie eine kleinere süß-würzige Version, deren Grundlage ein britisches Rezept ist. Aber mit tropischen Früchten drin! Als ich als Kind in Clarendon, Jamaika, lebte, hatten wir nur roten Käse, deshalb liebe ich auch die Sorte Red Leicester.

Tropische Minibrötchen mit Käse

12 Stück

- 500–600 g Weizenmehl, Type 1050
- 7 g Trockenbackhefe
- ½ TL Salz
- 50–100 g feiner Zucker (nach Belieben)
- ½ – ¾ EL jamaikanisches Mischgewürz (siehe Seite 201)
- 2 Eier, verquirlt
- 95 g zerlassene Butter, zusätzlich etwas für Schüssel + Backblech und zum Servieren
- 220 ml warme Milch
- 60 g Korinthen
- 100 g gemischtes Trockenobst, klein gehackt
- Milch für die Glasur
- Red Leicester-Käse zum Servieren

1 500 g Mehl in eine große Schüssel geben (ggf. müssen Sie später noch mehr zugeben), Hefe und Salz untermischen. Zucker (oder nicht, wenn Sie es nicht so süß mögen) und mehr oder weniger vom Mischgewürz zugeben. In einer zweiten Schüssel Eier, Butter und Milch verrühren. In die Mitte des Mehls eine Vertiefung machen und die Flüssigkeit hineingießen. Die Zutaten erst mit einem Messer verschlagen, dann mit den Händen zu einem Teig kneten. Auf leicht bemehlter Arbeitsfläche den Teig etwa 10 Minuten weiterkneten, dann sollte er glatt und geschmeidig sein.

2 Teig in eine leicht gefettete Schüssel legen, abdecken und an einem warmen Ort 90 Minuten gehen lassen, bis sich sein Volumen verdoppelt hat. In der Zwischenzeit den Backofen auf Ober-/Unterhitze 200 °C (Heißluft 180 °C) vorheizen und ein Backblech mit Butter einfetten.

3 Den Teig noch einmal auf leicht bemehlter Arbeitsfläche kneten, ggf. etwas mehr Mehl unterarbeiten, wenn er zu klebrig ist. Korinthen und Trockenobst unterkneten. Den Teig in 12 Stücke teilen und diese jeweils zu Brötchen formen. Mit Milch bestreichen. Brötchen auf das Backblech legen und auf mittlerer Einschubleiste die Brötchen ca. 12 Minuten backen. Auf einem Rost abkühlen lassen.

4 Brötchen halbieren, die Hälften mit Butter bestreichen und mit einer Scheibe Red Leicester oder einem anderen Käse belegen. So essen oder beide Hälften aufeinanderlegen und hineinbeißen!

Etwa 24 Stück

425 g Mehl, gesiebt

1 TL Backpulver

1 TL gemahlener Zimt

1 gute Prise Salz

225 g Ananasstücke aus der Dose, abgetropft

225 g weiche Butter

350 g feiner hellbrauner Zucker

2 TL Vanillezucker

3 Eier, verquirlt

2 kleine sehr reife Bananen, gemust

100 g Pekannüsse

100 g Kokosraspel

fein geriebene Schale von 2 Bio-Limetten

24 Pekannüsse zum Garnieren

Für die Buttercreme

170 g weiche Butter

340 g Puderzucker

Saft von 1 Limette

Auch mich hat der Cupcake-Wahn voll erwischt. Sie sind einfach unwiderstehlich, die kleinen Köstlichkeiten, und gut zu essen. Abgeleitet habe ich den Teig von den klassischen Kolibri-Cupcakes (eine australische Spezialität), doch Sie finden darin viele gute karibische Zutaten.

Karibische Cupcakes

1 Backofen auf Ober-/Unterhitze 180 °C (Heißluft 160 °C) vorheizen. Mehl, Backpulver, Zimt und Salz in einer großen Schüssel mischen. Ananasstücke in einem Mixer oder einer Küchenmaschine pürieren.

2 Butter und Zucker mit einem elektrischen Rührgerät schaumig schlagen. Vanillezucker unterrühren, dann nach und nach die Eier. Anschließend Ananaspüree, Banane, Pekannüsse, Kokosraspel und Limettenschale unterarbeiten. In 2 Cupcakeformen Papierförmchen setzen, dann den Teig mit einem Löffel in die einzelnen Förmchen geben (nicht ganz voll). Cupcakes auf mittlerer Einschubleiste in 12–15 Minuten fertig backen. Sie sollten dann auf Druck nachgeben. Auf einem Rost abkühlen lassen.

3 Für die Buttercreme Butter, Puderzucker und Limettensaft mit einem elektrischen Rührgerät schaumig schlagen. Die Buttercreme mit einem Palettenmesser auf die Cupcakes streichen und jeden Cupcake mit einer Pekannuss garnieren.

Hier habe ich aus einem schottischen ein karibisches Mürbegebäck gemacht. Dazu schmeckt eine Tasse Tee oder Kaffee, aber auch Vanilleeis.

Mürbegebäck mit Pekannüssen und Ingwer

16–20 Stücke

- 125 g weiche Butter, zusätzlich etwas für die Form
- 50 g feiner Zucker, zusätzlich 1 EL zum Bestreuen
- 150 g Mehl, gesiebt
- 50 g feiner Maisgrieß (Polenta)
- 50 g Pekannüsse, gehackt
- 1 ½ Stücke in Sirup eingelegter Ingwer, fein gehackt

1 Backofen auf Ober-/Unterhitze 170 °C (Heißluft 150 °C) vorheizen.

2 Butter und Zucker mit einem elektrischen Rührgerät schaumig schlagen, dann Mehl und Maisgrieß unterrühren. Pekannüsse und Ingwerstücke unterarbeiten, so lange rühren, bis diese gut verteilt sind.

3 Ein Backblech (20 x 20 cm) mit Butter einfetten, den Teig daraufgeben und glatt verstreichen. Den Teig überall mit einer Gabel einstechen. Kuchen ca. 30 Minuten auf mittlerer Einschubleiste backen bzw. so lange, bis der Mürbeteig blassbraun ist. Aus dem Ofen nehmen und sofort mit Zucker bestreuen.

4 Den Kuchen auf dem Blech abkühlen lassen, dann in 16 Stücke schneiden.

Aus diesem Teig können Sie natürlich auch Kekse zubereiten, aber Kinder können den Lebkuchenmännern nun mal nicht widerstehen. Bei der Verzierung können Sie sich kreativ austoben. Mit Puderzuckerglasur und Lebensmittelfarben können Sie den Männern gestreifte Hosen in karibischen Farben oder Schnürsenkel aus Lakritz anziehen. Oder wie wäre es mit einer Rastalockenfrisur?

Lebkuchenmänner

10 Stück

- 100 g Butter, in Würfeln, zusätzlich etwas fürs Backblech
- 340 g Mehl, zusätzlich etwas zum Bestäuben
- 2 TL gemahlener Ingwer
- 1 TL Natron
- 170 g feiner dunkelbrauner Zucker
- 1 Ei, verquirlt
- 4 EL Zuckerrübensirup
- 1 Handvoll Korinthen zum Garnieren

1 Backofen auf Ober-/Unterhitze 190 °C (Heißluft 170 °C) vorheizen. Ein Backblech mit Butter einfetten. Mehl, Ingwer und Natron in eine Schüssel sieben, Butter mit den Fingern so lange unterarbeiten, bis Streusel entstehen. Dann Zucker und Ei unterkneten.

2 Sirup in einen Topf geben und bei schwacher Hitze erwärmen, bis er flüssig ist. Dann soviel Sirup unter den Teig rühren, bis ein weicher, geschmeidiger Teig entsteht. Nicht zu viel Sirup dazugeben! Den Teig auf leicht bemehlter Arbeitsfläche noch einmal gut kneten. Dann den Teig mit einem Nudelholz 5 mm dick ausrollen.

3 Mit der Austechform 10 Männer aus dem Teig stechen und auf das Backblech legen. Für Mund und Augen Korinthen darauflegen.

4 Im Backofen auf mittlerer Einschubleiste etwa 12 Minuten backen, bis die Lebkuchenmänner leicht gebräunt sind. Vorsichtig vom Blech nehmen und auf einem Rost abkühlen lassen.

8–10 Portionen

450 gemischtes Trockenobst (Sultaninen, Korinthen, Rosinen und tropische Früchte), klein geschnitten

200 ml kalter schwarzer Tee

150 ml dunkler Rum

2 EL zerlassene Butter, zusätzlich etwas für die Form und zum Servieren

250 g gutes Vollkornmehl

1 TL Natron

1/8 TL gemahlene Nelken

1/8 TL gemahlener Ingwer

¼ TL gemahlener Zimt

reichlich geriebene Muskatnuss

175 g feiner hellbrauner Zucker

1 Ei, leicht verquirlt

Leicht, leicht, leicht! Einfach Früchte einweichen, mischen und backen! Ein leckeres Kuchenbrot für den Nachmittagskaffee.

Rum-Kuchenbrot

1 Trockenobst in einen Topf schütten und Tee und Rum zugießen. Bis kurz vor dem Siedepunkt erhitzen, dann 5 Minuten köcheln lassen. Topf vom Herd ziehen und das Trockenobst darin bis zu 24 Stunden ziehen lassen.

2 Backofen auf Ober-/Unterhitze 170 °C (Heißluft 150 °C) vorheizen.

3 Eine Kastenform (24 x 13 cm) mit Butter einfetten und mit Backpapier auslegen. In einer Rührschüssel Obst und die Einweichflüssigkeit mit den restlichen Zutaten mischen und so lange rühren, bis alle Zutaten gut vermengt sind. Den Teig in die Form geben und glatt streichen. Im Backofen auf mittlerer Einschubleiste etwa 90 Minuten backen, das Brot sollte sich dann fest anfühlen und eine hineingesteckte Stricknadel sauber wieder herauskommen. Wird die Oberfläche zu dunkel, decken Sie diese während des Backens mit Folie ab.

4 Das Brot 10 Minuten in der Form ruhen lassen, dann herausnehmen und auf einem Rost abkühlen lassen. Die Kuchenscheiben schmecken pur, aber auch mit Butter bestrichen.

Wer gut kochen möchte, muss die Dinge, die er in den Topf tut, schätzen! Hiervon ein bisschen und davon ein bisschen – und am Ende haben Sie dann etwas Magisches geschaffen, das Körper und Seele beflügelt. Meine Sonnenschein-Grundausstattung verschafft Ihnen einen Vorsprung. In dieser Kiste, die ich mit mir herumtrage, befinden sich alle Aromen, die Sonnenschein ins Essen zaubern. Darin finden Sie frischen Ingwer, Chilis (vor allem schottische Bonnet-Chilis), Piment, Thymian, Muskat, Lorbeer und schwarzen Pfeffer.

Meine Lieblingszutaten

Ananas

Auf einer Reise durch Jamaika habe ich einmal die Croydon-Plantage unweit der Montego Bay an der Nordküste besucht. Dort habe ich sechs verschiedene Ananasarten probiert. Sie schmeckten alle völlig unterschiedlich. Ananas wachsen am Boden und nicht auf Bäumen; der süßeste Teil befindet sich in Bodennähe. Wenn Sie eine frische Ananas kredenzen möchten, schneiden Sie die Stücke von oben nach unten ab, so bekommt jeder seinen Anteil vom süßen Abschnitt. In diesem Buch finden Sie viele Rezepte mit Ananas.

Bananen

Die habe ich immer im Haus. Grüne sind gut für herzhafte Gerichte, aber am liebsten mag ich doch die süßen Bananen. Ob für einen Fruchtshake (Seite 25), zusammen mit Passionsfrüchten (Seite 75), im Kuchen (Seite 182) oder oder oder. Bananen sind überaus nützliche Früchte. Nicht zu vergessen die Schale, auf der man ausrutschen kann ... Besonders süß sind Bananen, die in der Karibik wachsen. Unter dem Logo Fairtrade gibt es welche im Handel.

Bohnen (und Erbsen)

Was nun, Bohnen oder Erbsen? Auf Jamaika werden Bohnen als Erbsen bezeichnet. Im Klassiker „Reis und Erbsen" stecken also Kidneybohnen. Wie auch immer sie heißen, ich mag Bohnen und Erbsen. Kidneybohnen und Kichererbsen werden gern für einfache Mahlzeiten, die Rastafaris bevorzugen, zur Hand genommen. Weil Bohnen und Erbsen gesund, nahrhaft und wertvoll sind, finden Sie viele Rezepte in diesem Buch, u. a. mit schwarzen Bohnen (Seite 133) und Kichererbsen (Seite 82).

Chilis

Ohne die schottische Bonnet könnte ich nicht leben. Sie wird traditionell für karibisches Essen verwendet. Natürlich können Sie auch andere scharfe Chilis nehmen, aber die Sorte Bonnet hat einen verführerischen Duft, und neben ihrer Schärfe besitzt sie auch ein fruchtiges Aroma. Vor allem aber sind sie scharf, scharf, scharf! Probieren Sie einfach ein wenig aus. Wenn Sie innerlich nicht „verbrennen" möchten, entkernen Sie die Chili und entfernen Sie die weißen Häute. Die Bonnet-Chili gibt es in unterschiedlichen Farben: Rot, Gelb, Orange, Grün und Braun.

Fisch

Wer wie ich auf einer Karibik-Insel aufgewachsen ist, liebt es, Fisch zu essen. Als Kind mochte ich Snapper und Süßwasserbarsch, die ich mit meinem besten Freund Carlie fing. Heute esse ich lieber Wolfsbarsch und Seebrasse. Oder Tilapia. Die ersten Zuchtfarmen habe ich in Afrika gesehen, heute ist der Fisch weltweit erhältlich. Tilapia ist leicht zuzubereiten und zu essen, denn er besitzt fleischige Filets ohne Gräten. Deswegen bereite ich aus seinem Fleisch gern Fischküchlein zu (Seite 42). Ansonsten mag ich es, wenn der Fisch im Ganzen auf den Tisch kommt, auch mit Kopf. Dann bleibt das Fleisch schön saftig. Welchen Fisch auch immer Sie nehmen, würzen Sie ihn auf jamaikanische Art, d. h. außen und innen mit viel Salz und schwarzem Pfeffer. Probieren Sie auch meinen Weihnachtsfisch (Seite 104).

Frühlingszwiebeln

Ich verwende sie oft und gern, vor allem das Grün. Wer auf Jamaika einen Markt besucht, kann riesige Bunde Frühlingszwiebeln bestaunen, die mit einem großen Bund Thymian zusammengebunden sind. Der Grund: Im Topf bilden beide ein gutes Gespann.

Honig

Ich liebe Honig. In der Karibik wird er häufig in alte Rumflaschen abgefüllt, ein Honig, der die ungefilterte Güte des Nektars besitzt, den fleißige Bienen von den Blüten sammeln. Honige schmecken danach, was die Bienen genascht haben, also kosten Sie am besten die unterschiedlichsten Sorten, z. B. für die Pannacotta (Seite 156). Mein Großvater besaß Bienen und wir naschten die süße Köstlichkeit direkt aus dem Stock. Ich finde, Honig ist gesünder als Zucker, und er passt in alle möglichen Getränke (Seite 25), aber auch ins Essen.

Huhn

Ich bin auf der Farm meiner Großeltern mit Hühnern aufgewachsen. Mein erstes Haustier war ein Huhn! Auch als Nahrungsmittel sind sie nicht zu verachten. Wir haben nicht nur die Eier der Hennen eingesammelt, wir haben unsere Hühner auch gegessen. Mein Großvater zeigte mir, wie man sie richtig tötet. Auf einer Farm lernt man so einiges über Leben und Tod. Ich schätze diese Tiere und nichts von ihrem Fleisch wird weggeworfen. Auf Jamaika ist selbst die Karkasse ein Leckerbissen. Als ich klein war, waren Schenkel, Brust und Keulen viel zu teuer, also kochten wir das, was übrig blieb. Ein richtiges Armeleuteessen. Köstlich! Heute gare ich Hähnchen am liebsten im Ganzen (Seite 106 und Seite 90).

Ingwer

Frischer Ingwer gehört in meine Grundausstattung. Ich nehme ihn für einen Entgiftungstee, gebe ihn aber auch zu Möhrensaft mit Limette und Honig. Ingwerstücke sollten noch fest sein. Lecker schmeckt auch in Sirup eingelegter Ingwer. Er passt in süße Desserts, z. B. Mango in Ingwer-Rum-Sirup (Seite 166) und in herzhafte Gerichte (Seite 40). Auch der Sirup lässt sich in der Küche verwenden.

Knoblauch

Puh!, das stinkt, habe ich früher gedacht. Aber heute schätze ich Knoblauch. Zumindest im Essen. Küssen mit Knoblauchfahne allerdings nicht! Ich koche oft mit Knoblauch und habe einen Weg gefunden, ihn zu bändigen. Wenn Sie die Zehen ganz oder in größere Stücke ins Essen geben, entwickelt sich ein feineres Aroma. Schneiden Sie die Zehe zu klein, dominiert das Knoblaucharoma schnell alles andere.

Kokosnuss

Ich schätze die fabelhafte Kokosnuss über alles. Wenn Sie sie im Ganzen kaufen, schütteln Sie sie, um sicherzugehen, dass Saft drin ist. Das ist ein Zeichen für Frische. Stoßen Sie ein Messer durch die drei Einkerbungen an der Oberseite, um das richtige Loch zu finden. Dann stechen Sie die Nuss von oben nach unten durch. Gießen Sie den Saft ab und trinken Sie ihn auf Eis – er ist köstlich und gesund! Jetzt legen Sie die Nuss in einen Gefrierbeutel und bearbeiten Sie mit einem Hammer. Hinterher schneiden Sie das Fleisch mit einem kleinen Messer von der Schale ab. Probieren Sie einmal geröstete Kokosnuss (Seite 144). Wollen Sie frische Kokosmilch zubereiten, reiben Sie das Fruchtfleisch, weichen es in warmem Wasser ein und quetschen es hinterher aus. Aber Kokosmilch aus Dosen schmeckt auch. Die Flüssigkeit in den Dosen ist oben cremiger als der Rest. Diese Kokoscreme gibt es mittlerweile ebenfalls in Dosen. Sie können auch Kokosraspel kaufen und zum Kochen verwenden (Seite 60 und Seite 168).

Kürbis

„Wie kommt das Wasser in den Kürbisbauch?" Das ist ein Kinderrätsel. Hier die Antwort: Der Kürbis kann von seinen Wurzeln her eine lange Strecke wachsen, und das Wasser läuft den langen Weg durch seine Stängel hindurch. Als Kinder haben wir den Verlauf des Stängels verfolgt, um zu sehen, wohin er führt. Kürbis ist ein herrlich saftiges Gemüse und ich mag die Sorten mit orangerotem Fleisch. Finden Sie keinen guten Kürbis, können Sie auf Butternut-Kürbis ausweichen. Kürbis schmeckt in Reis und Suppen, denn seine Aromen gehen in die Flüssigkeit über, aber auch dünn geschnitten und gebacken mundet er (Seite 35).

Limetten

Sie spielen eine wichtige Rolle in der Karibik und wir verwenden sie weit mehr als Zitronen. Zum Essen, aber auch für Getränke. Pressen Sie eine Limette aus und mixen Sie den Saft mit Wasser und Zucker und schon haben Sie, wie wir es nennen, eine Limettenlimo. Auch zum Saubermachen von Arbeitsflächen eignet sich der Saft. Wenn Sie in einer Küche Limetten sehen, wissen Sie, hier geht's sauber zu. Aber probieren Sie doch einmal meinen köstlichen Limettenkuchen (Seite 180) oder Lamm mit Thymian und Limette (Seite 67).

Lorbeerblätter

Die kommen bei mir überall rein. Ein gutes Zeichen, wenn ein Stück Lorbeerblatt aus einem Eintopf hervorschaut. In meiner Kindheit wurden vor allem getrocknete Blätter verwendet, heute nehme ich gern die frischen, grünen Blätter. Es ist so einfach, einen Lorbeer in seinen Garten zu pflanzen oder in einen Kübel auf dem Balkon. Lorbeer passen in die unterschiedlichsten Gerichte, aber zu Bohnen am allerbesten (Seite 133).

Mais

Süßmais weckt viele Erinnerungen an meine Kindheit und an unseren Nachbarn Mr. Butler. Besucher brachten säckeweise Mais mit, der dann fürs Essen vorbereitet wurde. Und dabei wurden Geschichten erzählt ... und massive Lügen verbreitet! Dann gab es gebratenen Mais, gekochten Mais, Maisbrei, Maisknödel ... Probieren Sie doch mein Maisbrot (Seite 48) oder die Fritoritos (Seite 136) aus!

Mango

Früher wuchs auf Jamaika in jedem Garten ein Mangobaum. Die Menschen pfropften ihn auch auf andere Bäume, und nicht selten wuchs aus einem Avocadobaum ein Ast mit Mangos. Ich mag ihren frischen Geschmack. Auf Jamaika wartet man, bis sie richtig reif sind, dann schneidet man ein Loch hinein und saugt Saft und Fruchtfleisch aus. Übrig bleibt dann nur die Schale mit dem Stein. Ich koche auch gern mit Mangos, die zwar reif, aber auch noch fest sein müssen. Wie Sie das Fleisch vom Stein lösen, lesen Sie Seite 25, und wie Sie Souscaille zubereiten auf Seite 143. Getrocknete Mangos sind gut für Snacks und gehören in jeden Vorratsschrank.

Mischgewürz

Ein Allzweckgewürz in der jamaikanischen Küche, das aus Salz, Koriander, Paprika, Zwiebel, Chili, Sellerie, Knoblauch und Piment besteht.
Zu bestellen u. a. über www.jamaicashop.de.

Muskatnuss

Für mich das Gewürz der Karibik schlechthin! Muskat schmeckt süß und pikant zugleich und passt zu Pudding genauso wie zu herzhaften Gerichten. Man sagt, Muskat sei ein Aphrodisiakum ... aber das sagt man über viele Nahrungsmittel. Kaufen Sie Muskat als ganze Nüsse und reiben Sie diese erst kurz vor der Verwendung. Als kleiner Junge habe ich zum Reiben leere Dosen genommen. Ich habe oben und unten den Deckel entfernt, eine Seite geöffnet und in die andere Löcher gemacht. Eine spitzenmäßige Reibe!

Nüsse

Am häufigsten verwende ich Cashews. Haben Sie jemals eine Cashewfrucht gesehen? Die meisten glauben, sie würden wie alle anderen Nüsse wachsen, aber in Wahrheit ist die Cashew eine Frucht und obendrauf sitzt die Nuss. Auch die süßen Pekannüsse verwende ich gern in der Küche. Probieren Sie doch mal das Mürbegebäck mit Pekannüssen und Ingwer (Seite 190) oder die Romescosauce (Seite 36), ein ursprünglich spanisches Rezept.

Piment

Dieses Gewürz finden Sie immer wieder in meinen Rezepten. Ich liebe es. Jeder Bratensaft zu Fleisch oder Fisch wird damit gewürzt. Das Gewürz stammt aus den getrockneten Beeren eines wunderschönen Baumes, der überall auf Jamaika wächst. Ganze Pimentkörner sind gut für Suppen und Eintöpfe. Zum Backen oder für Marinaden nimmt man jedoch besser das Pulver.

Reis

Reis mit allem – zumindest für mich mehrmals in der Woche – und stets im traditionellen jamaikanischen Sonntagsessen „Reis und Erbsen"! Ich mag Reis gern, die gesündere, braune Naturreisversion genauso wie jede andere Sorte. Langkornreis wie Basmati verwende ich oft. Damit aus ihm mehr als eine Beilage wird, gebe ich andere Zutaten hinzu, wie z. B. bei „Roots Reis" (Seite 128) und grünem Reis auf kubanische Art (Seite 132).

Rum

Dem Herrn sei Dank! Bei einer karibischen Party sorgt Rum für den richtigen Takt. Im Essen und in Getränken können Sie klaren oder dunklen Rum verwenden – und wenn Sie wollen, dass Ihr Kopf brummt, halten Sie Ausschau nach starkem alten Rum. Der dunkle Rum bekommt seine Farbe von den Eichenfässern, in denen er lagert, oder von der Melasse, die hinzugefügt wird. Rum ist nicht nur für Cocktails gut: Backen Sie erst einmal mein Rumbrot (Seite 195)!

Schokolade

Als Kind habe ich nie Schokolade gegessen, dafür umso mehr als Erwachsener. Ich bin ein Schokoholic! Zu einer Tasse Tee esse ich gern ein großes Stück davon. Einem guten Schokokuchen kann ich nicht widerstehen und bei Brownies gibt es kein Halten mehr. Wie wäre es mit einer Schokomousse (Seite 160), einem Schoko-Orangenkuchen (Seite 178) oder meinen Schokotrüffeln mit Chili (Seite 146)? Glauben Sie mir, es wird Sie umhauen! Gute Schokolade sollte mindestens 60 % Kakao enthalten.

Schwarzer Pfeffer

Weit mehr als der Begleiter von Salz. Schwarzer Pfeffer ist wesentlicher Bestandteil meiner Sonnenschein-Ausrüstung und ich verwende ihn, um Gerichten Schärfe zu geben. Am besten Sie zerdrücken ganze Pfefferkörner mit dem Stößel in einem Mörser oder mahlen ihn frisch. So ist das Aroma am besten. Für einen gebratenen Fisch brauchen Sie nicht mehr als Salz und Pfeffer, und etwas frisch gemahlenen Pfeffer über Süßkartoffeltarte (Seite 52) ist das Nonplusultra.

Süßkartoffeln

Ich esse sehr viel davon. Es gibt so viele Möglichkeiten, sie zuzubereiten, selbst ein Dessert aus Süßkartoffeln mit Muskat und Zimt (Seite 174). Es gibt auch weiße Exemplare, aber die orangefarbenen sind sehr viel verbreiteter. Sie schmecken in Suppen und Eintöpfen, aber auch als Kruste auf meiner karibischen Shepherd's Pie (Seite 95). Auch gebraten sind sie köstlich. Schneiden Sie sie klein, beträufeln Sie sie mit reichlich Olivenöl und rein in den Backofen – einfach wunderbar!

Thymian

Thymian ist ein enger Vertrauter in meiner karibischen Grundausstattung. Fisch, Fleisch, Suppen, Ofengerichte, Marinaden ... Thymian verleiht ihnen allen einen herrlichen Wohlgeruch. Oft werfe ich einfach einen ganzen Zweig mit hinein, manchmal streife ich die Blätter ab und verwende sie so. Eine Zutat, die praktisch überall wächst und leicht zur Hand ist. Für lau!

Zucker

Früher gab es immer Demerara-Zucker, ein Zucker, der nicht so raffiniert ist wie Haushaltszucker und deshalb mehr Aroma besitzt. Auch Muscovado-Zucker mag ich, hellen und dunklen, der mehr Melassearoma hat und gleichermaßen für süße und pikante Gerichte geeignet ist. Wie wäre es mit köstlichen Baisers mit Muscovado-Zucker (Seite 159) oder Schoko-Bananen-Kuchen mit brauner Zuckerkruste (Seite 182)?

Register

A

Ananas 197
- Ananasdrink 26
- Chilidip mit Ananas und Aprikose 142
- Karibische Cupcakes 188
- Kokospavlova mit tropischen Früchten 168
- Würzig eingelegte Ananas 125

Aprikosen
- Chilidip mit Ananas und Aprikose 142

Avocado
- Gewürzmakrele mit Avocadomus 58
- Tomaten-Avocado-Salat mit Maisbrot 50
- Warmer Avocadosalat mit Paprika und Süßkartoffel 39

B

Baiser
- Kokospavlova mit tropischen Früchten 168
- Muscovado-Baisers 159

Bananen 197
- Bananen-Honig-Pfannkuchen 55
- Bananen-Schoko-Kuchen 182
- Eis mit gebackenen Bananen 164
- Gegrillte Bananen mit Passionsfruchtcreme 75
- Porridge auf jamaikanische Art 23

Besoffener Kaffee-Rum-Kuchen 183

Bohnen 197
- Levis gebackene Bohnen 38
- Schwarze Bohnen auf kubanische Art 133

Bowle mit Passionsfrüchten, Mango und Orange 150

Brixton-Pizza 86

C

Ceviche auf kubanische Art 140

Ché-Chips 124

Chili-Dip mit Ananas und Aprikose 142

Chilis 197
- Chilidip mit Ananas und Aprikose 142
- Hähnchencurry mit Paprika und Kürbis 90
- Kokos-Chili-Muscheln 44
- Kürbis-Spinat-Salat mit Chili, Erdnüssen und Ingwerdressing 40
- Mango-Ingwer-Chutney 126
- Mein scharfes Lamm mit Röstgemüse 107
- Mein Weihnachtsfisch 104
- Schokotrüffel mit Rum und Chili 146
- Schweinefleisch süß-sauer 93
- Seebrassenescabeche mit Riesengarnelen 102
- Sonnenschein-Sauce 123
- Souscaille 143
- Umgekrempeltes Hähnchen 106
- Würzig eingelegte Ananas 125

D

Choka mit Räucherfisch 16

Daiquiri 152

E

Eier
- Süßkartoffelsoufflé mit Parmesan 101

Eis
- Daiquiri 152
- Eis mit gebackenen Bananen 164
- Eiscreme mit Starkbier und Rum 162
- Eis-Rum-Kaffee 149

Erbsen 197

F

Fisch 198
- Ceviche auf kubanische Art 140
- Choka mit Räucherfisch 16
- Fisch und Reis für Faule 18
- Gewürzmakrele mit Avocadomus 58
- Goldbraune Tilapia-Fischküchlein 42
- Levis Frühstückswraps 19
- Mein Weihnachtsfisch 104
- Peters Fischbuden-Seebrasse 89
- Thunfischkuchen 88

Frühlingszwiebeln 198
- Frühlingszwiebeln und Spargel mit Romescosauce 36
- Gefüllte Pequillo-Paprika 121
- Grüner Kuba-Reis 132
- Mangosauce 122
- Sonnenschein-Sauce 123

G

Garnelen
- Kokos-Riesengarnelen 60
- Kreolische Garnelen 43
- Seebrassenescabeche mit Riesengarnelen 102

Gefüllte Piquillo-Paprikaschoten 121

Gegrillte Bananen mit Passionsfruchtcreme 75

Geröstete Kokosnuss 144

Gewürzmakrele mit Avocadomus 58

Glasierte Fruchtkebabs mit Tamarinde und Melasse 76

Goldbraune Tilapia-Fischküchlein 42

Granita mit Wassermelone und Minze 165

Grillhähnchen mit Kokos und Thymian 62

Grillhähnchen mit Mojo 64

Grüner Kuba-Reis 132

H

Hähnchen 199
- Grillhähnchen mit Kokos und Thymian 62
- Grillhähnchen mit Mojo 64
- Hähnchencurry mit Paprika und Kürbis 90
- Hähnchenspieße mit Limette und Honig 63
- Havanna-Hähnchen 92
- Majestätischer Krönungssalat 54
- Umgekrempeltes Hähnchen 106

Herausgeputztes Pimm's 148

Honig 198
- Bananen-Honig-Pfannkuchen 55
- Hähnchenspieße mit Limette und Honig 63
- Pannacotta mit Vanille, Muskat und Honig 156
- Tropischer Frucht-Honig-Shake 25

I

Ingwer 198
- Hähnchencurry mit Paprika und Kürbis 90
- Käsekuchen mit Ingwer und Muscovado 169
- Kürbis-Spinat-Salat mit Chili, Erdnüssen und Ingwerdressing 40
- Lebkuchenmänner 193
- Levis pappiger Rotkohl 120

Mango-Ingwer-Chutney 126
Mango in Ingwer-Rum-Sirup 166
Mein scharfes Lamm mit Röstgemüse 107
Mein Weihnachtsfisch 104
Mürbegebäck mit Pekannüssen und Ingwer 190
Schweinefleisch süß-sauer 93
Umgekrempeltes Hähnchen 106
Würzig eingelegte Ananas 125
Inselmüsli 22

K
Kaffee
Besoffener Kaffee-Rum-Kuchen 183
Rum-Eiskaffee 149
Käse
Brixton-Pizza 86
Gefüllte Piquillo-Paprika 121
Käsecutter mit Mango und Creme 139
Käsekuchen mit Ingwer und Muscovado 169
Passionsfruchtkuchen 184
Sonnenschein-Burger 72
Sonnenschein-Tarte mit Feta, Süßkartoffel und roten Zwiebeln 52
Süßkartoffelsoufflé mit Parmesan 101
Karibisch gewürzte Shepherd's Pie 95
Karibische Cupcakes 188
Karibische Tamarinden-Kichererbsen 82
Kartoffeln
Levis Kräuter-Kartoffelsalat 119
Mein scharfes Lamm mit Röstgemüse 107
Umgekrempeltes Hähnchen 106
Kirschen
Lamm mit Kirschen und Rumsauce 108
Knoblauch 199
Kubanischer Schweinebraten 111
Havanna-Hähnchen 192
Reis Rot-Grün-Gold 131
Roots Reis 128
Schwarze Bohnen auf kubanische Art 133
Sonnenschein-Sauce 123
Souscaille 143
Knuspriges Maisbrot 48
Kokosnuss 199
Kokos-Blancmange mit Mango 170
Kokos-Chili-Muscheln 44
Kokospavlova mit tropischen Früchten 168
Kokos-Riesengarnelen 60
Reis Rot-Grün-Gold 131
Kreolische Garnelen 43
Kubanischer Schweinebraten 111
Kürbis 199
Hähnchencurry mit Paprika und Kürbis 90
Karibische Tamarinden-Kichererbsen 82
Kürbis-Spinat-Gratin 35
Kürbis-Spinat-Salat mit Chili, Erdnüssen und Ingwerdressing 40
Umgekrempeltes Hähnchen 106

L
Lachs
Ceviche auf kubanische Art 140
Mein Weihnachtsfisch 104
Lamm
Karibisch gewürzte Shepherd's Pie 95
Lamm mit Kirschen und Rumsauce 108
Lammkoteletts mit Thymian und Limette 67
Mein scharfes Lamm mit Röstgemüse 107
Lebkuchenmänner 193
Levis Frühstückswraps 19
Levis gebackene Bohnen 38
Levis Kartoffelsuppe 32
Levis Kräuter-Kartoffelsalat 119
Levis pappiger Rotkohl 120
Limetten 201
Daiquiri 152
Granita mit Wassermelone und Minze 165
Hähnchenspieße mit Limette und Honig 63
Käsekuchen mit Ingwer und Muscovado 169
Karibische Cupcakes 188
Kokos-Blancmange mit Mango 170
Lammkoteletts mit Thymian und Limette 67
Limettenkuchen 180
Mango in Ingwer-Rum-Sirup 166
Passionsfruchtkuchen 184
Passionsfrucht-Limetten-Aufstrich 186
Seebrassenescabeche mit Riesengarnelen 102
Zitrusfrüchte mit Limetten-Minze-Sirup 28
Lorbeerblätter 201
Mango-Ingwer-Chutney 126
Roots Reis 128
Schwarze Bohnen auf kubanische Art 133

M
Mais 201
Grillhähnchen mit Mojo 64
Maisbrot 48
Mais-Fritoritos 136
Majestätischer Krönungssalat 54
Makrele
Choka mit Räucherfisch 16
Fisch und Reis für Faule 18
Gewürzmakrele mit Avocadomus 58
Levis Frühstückswraps 19
Mango 201
Bowle mit Passionsfrüchten, Mango und Orange 150
Käsecutter mit Mango und Creme 139
Kokos-Blancmange mit Mango 170
Kokospavlova mit tropischen Früchten 168
Levis pappiger Rotkohl 120
Mango in Ingwer-Rum-Sirup 166
Mango-Ingwer-Chutney 126
Mangosauce 122
Mein Weihnachtsfisch 104
Souscaille 143
Trifle mit Mango, Banane und Passionsfrucht 173
Tropischer Energieriegel 20
Tropischer Frucht-Honig-Shake 25
Marinierte Spareribs 71
Mein scharfes Lamm mit Röstgemüse 107
Mein Weihnachtsfisch 104
Melasse
Glasierte Fruchtkebabs mit Tamarinde und Melasse 76
Minze
Granita mit Wassermelone und Minze 165

Zitrusfrüchte mit Limetten-Minze-Sirup 28
Mischgewürz 201
Möhren
Rindfleisch mit Möhren und Levis Klößen 112
Muscheln
Kokos-Chili-Muscheln 44
Mürbegebäck mit Pekannüssen und Ingwer 190
Muscovado-Baisers 159
Muskatnuss 202
Eiscreme mit Starkbier und Rum 162
Pannacotta mit Vanille, Muskat und Honig 156
Rum-Eiskaffee 149
Sonnenschein-Sauce 123
Süßkartoffeldessert 174

N
Nüsse 202
Bananen-Schoko-Kuchen 182
Inselmüsli 22
Karibische Cupcakes 188
Kürbis-Spinat-Salat mit Chili, Erdnüssen und Ingwerdressing 40
Mein Weihnachtsfisch 104
Mürbegebäck mit Pekannüssen und Ingwer 190
Okrapfanne mit Tofu und Cashews 80

O
Obst
Glasierte Fruchtkebabs mit Tamarinde und Melasse 76
Kokospavlova mit tropischen Früchten 168
Schweinefleisch süß-sauer 93
Tropischer Frucht-Honig-Shake 25
Zitrusfrüchte mit Limetten-Minze-Sirup 28
Okrapfanne mit Tofu und Cashews 80
Orangen
Bowle mit Passionsfrüchten, Mango und Orange 150
Schokokuchen mit Gewürzen und Orange 178
Schokomousse mit Rum und Rosinen 160

P
Pannacotta mit Vanille, Muskat und Honig 156
Paprika
Brixton-Pizza 86
Gefüllte Pequillo-Paprika 121
Grüner Kuba-Reis 132
Hähnchencurry mit Paprika und Kürbis 90
Reis Rot-Grün-Gold 131
Warmer Avocadosalat mit Paprika und Süßkartoffeln 39
Zaions aufgepeppte Spaghetti Bolognese 96
Passionsfrüchte
Bowle mit Passionsfrüchten, Mango und Orange 150
Gegrillte Bananen mit Passionsfruchtcreme 75
Kokospavlova mit tropischen Früchten 168
Passionsfruchtkuchen 184
Passionsfrucht-Limetten-Aufstrich 186
Trifle mit Mango, Banane und Passionsfrucht 173
Peters Fischbuden-Seebrasse 89
Pilze
Zaions aufgepeppte Spaghetti Bolognese 96
Zaions Chow Mein 85
Piment 202
Levis gebackene Bohnen 38
Majestätischer Krönungssalat 54
Mango-Ingwer-Chutney 126
Marinierte Spareibs 71
Seebrassenescabeche mit Riesengarnelen 102
Sonnenschein-Sauce 123
Porridge auf jamaikanische Art 23

R
Reis 202
Fisch und Reis für Faule 18
Grüner Kuba-Reis 132
Reis Rot-Grün-Gold 131
Roots Reis 128
Rindfleisch
Sonnenschein-Burger 72
Rindfleisch mit Möhren und Levis Klößen 112
Zaions aufgepeppte Spaghetti Bolognese 96
Roots Reis 128
Rosinen
Mein Weihnachtsfisch 104
Rumbrot 194
Schokomousse mit Rum und Rosinen 160
Süßkartoffeldessert 174
Rotkohl
Levis pappiger Rotkohl 120
Rum 202
Besoffener Kaffee-Rum-Kuchen 183
Bowle mit Passionsfrüchten, Mango und Orange 150
Daiquiri 152
Eiscreme mit Starkbier und Rum 162
Granita mit Wassermelone und Minze 165
Herausgeputztes Pimm's 148
Kokospavlova mit tropischen Früchten 168
Lamm mit Kirschen und Rumsauce 108
Mango in Ingwer-Rum-Sirup 166
Rum-Eiskaffee 149
Rum-Kuchenbrot 195
Schokomousse mit Rum und Rosinen 160
Schokotrüffel mit Rum und Chili 146
Schweinekoteletts Calypso 68
Trifle mit Mango, Banane und Passionsfrucht 173

S
Sahne
Eiscreme mit Starkbier und Rum 162
Eis mit gebackenen Bananen 164
Gegrillte Bananen mit Passionsfruchtcreme 75
Kaffee-Rumkuchen 183
Kokospavlova mit tropischen Früchten 168
Muscovado-Baisers 159
Pannacotta mit Vanille, Muskat und Honig 156
Rum-Eiskaffee 149
Schokotrüffel mit Rum und Chili 146

Trifle mit Mango, Banane und Passionsfrucht 173
Sautierte Süßkartoffeln mit Thymian 116
Schokolade 203
Schokokuchen mit Gewürzen und Orange 178
Schokomousse mit Rum und Rosinen 160
Schokotrüffel mit Rum und Chili 146
Schwarze Bohnen
Schwarze Bohnen auf kubanische Art 133
Schwarzer Pfeffer 203
Sonnenschein-Burger 72
Sonnenschein-Sauce 123
Schwein
Kubanischer Schweinebraten 111
Marinierte Spareribs 71
Schweinefleisch süß-sauer 93
Schweinekoteletts Calypso 68
Seebrassen
Peters Fischbuden-Seebrasse 89
Seebrassenescabeche mit Riesengarnelen 102
Sonnenschein-Burger 72
Sonnenschein-Sauce 123
Sonnenschein-Tarte mit Feta, Süßkartoffel und roten Zwiebeln 52
Souscaille 143
Spargel
Frühlingszwiebeln und Spargel mit Romescosauce 36
Spinat
Brixton-Pizza 86
Kürbis-Spinat-Gratin 35
Kürbis-Spinat-Salat mit Chili, Erdnüssen und Ingwerdressing 40
Mein Weihnachtsfisch 104
Süßkartoffeln 203
Levis Kartoffelsuppe 32
Mein scharfes Lamm mit Röstgemüse 107
Sautierte Süßkartoffeln mit Thymian 116
Sonnenschein-Tarte mit Feta, Süßkartoffel und roten Zwiebeln 52
Süßkartoffeldessert 174
Süßkartoffelsoufflé mit Parmesan 101
Warmer Avocadosalat mit Paprika und Süßkartoffeln 39

T
Tamarinde
Glasierte Fruchtkebabs mit Tamarinde und Melasse 76
Karibische Tamarinden-Kichererbsen 82
Thunfischkuchen 88
Thymian 203
Grillhähnchen mit Kokos und Thymian 62
Lammkoteletts mit Thymian und Limette 67
Sautierte Süßkartoffeln mit Thymian 116
Sonnenschein-Sauce 123
Tomaten
Brixton-Pizza 86
Havanna-Hähnchen 92
Sonnenschein-Sauce 123
Tomaten-Avocado-Salat mit Maisbrot 50
Zaions aufgepeppte Spaghetti Bolognese 96
Zaions Chow Mein 85
Trifle mit Mango, Banane und Passionsfrucht 173
Tropische Minibrötchen mit Käse 187
Tropischer Energieriegel 20
Tropischer Frucht-Honig-Shake 25

U
Umgekrempeltes Hühnchen 106

W
Warmer Avocadosalat mit Paprika und Süßkartoffeln 39
Würzig eingelegte Ananas 125

Z
Zaions aufgepeppte Spaghetti Bolognese 96
Zaions Chow Mein 85
Zitrusfrüchte mit Limetten-Minze-Sirup 28
Zucker 203
Käsekuchen mit Ingwer und Muscovado 169
Muscovado-Baisers 159
Zwiebeln
Brixton-Pizza 86
Frühlingszwiebeln und Spargel mit Romescosauce 36
Hähnchencurry mit Paprika und Kürbis 90
Havanna-Hähnchen 92
Karibisch gewürzte Shepherd's Pie 95
Mein Weihnachtsfisch 104
Roots Reis 128
Schweinefleisch süß-sauer 93
Süßkartoffeltarte 52
Umgekrempeltes Hähnchen 106
Zaions Chow Mein 85

Danksagung

Mein Dank geht an: Hattie Ellis, Diana Henry, meinen Sohn Zaion, Chris Terry, Karl Bridgeman, Sara Lewis, Becca Spry, Pene Parker, Leanne Bryan, Lucy Bannell, Natasha Eggough, Rodney Levine-Boateng, Miladis Diaz, Borra Garson und all die anderen bei DML.

Respekt zolle ich allen meinen Freunden von Brixton Market, insbesondere Mr. Porridge, Bridget Hugo und all den anderen von Wild Caper.

Dank auch an meine Freunde auf Jamaika: Peter von Peter's Fischbude in Discovery Bay, Chefkoch Christian Ghisays und der Truppe des Royal Plantation Hotels, Ocho Rios, und Tony Henry von der Croydon-Plantage.